반란의 도시, 베를린

BOOK
JOURNALISM

반란의 도시, 베를린

발행일 ; 제1판 제1쇄 2023년 8월 21일
지은이 ; 이계수 발행인·편집인 ; 이연대
CCO ; 신아람 에디터 ; 김혜림
디자인 ; 권순문 지원 ; 유지혜 고문 ; 손현우
펴낸곳 ; ㈜스리체어스 _ 서울시 중구 한강대로 416 13층
전화 ; 02 396 6266 팩스 ; 070 8627 6266
이메일 ; hello@bookjournalism.com
홈페이지 ; www.bookjournalism.com
출판등록 ; 2014년 6월 25일 제300 2014 81호
ISBN ; 979 11 984078 9 4 03300

북저널리즘은 환경 피해를 줄이기 위해
폐지를 배합해 만든 재생 용지 그린라이트를 사용합니다.

BOOK
JOURNALISM

반란의 도시, 베를린

이계수

; 베를린의 거리는 거대한 문화 실험실이다. 그라피티와 거리 미술은 이 도시의 자유와 분방함, 저항 정신을 과시한다. 거리에서 이뤄지는 예술적 시도들은 공공 공간이 정말로 공공적인가, 공공의 것인가라는 질문을 던진다. 그라피티로 가득 찬, 그러나 지금은 하나둘 지워지고 있는 베를린의 도심과 그 주변 공간은 그래서 가난하지만 섹시하다.

차례

프롤로그　　　　도시의 보석을 지키기 위해
　　　　　　　　　싸우는 일

도시의 빛과 어둠을 따라 걸은 1년

나는 도시법 연구자다. 때때로 독일의 법과 도시를 공부한다. 나의 글을 읽은 사람들은 자주 이런 말을 한다. "이상은 좋으나……." 이러다 보니 나도 나에게 자주 자문自問한다. "나는 왜 쓰는가?" 답변이 궁할 때가 많았다. 2022년 10월 29일 일어난 이태원 참사 이후로는 질문조차도 사치스럽게 느껴져, 한동안은 질문도, 답도 없이 지냈다. 그러다가 생각했다. 무슨 말이라도 해보자. 안전한 도시, 난민과 이민자들도 함께 살 수 있는 도시, 혐오가 아니라 이해와 격려가 '승리하는' 도시, 사고 싶은 도시가 아니라 살고 싶은 도시. 내가 꿈꾼 도시가 아닌가. 그 도시 이야기를 계속해 나가는 것, 계속 상상하며 글을 쓰는 것. 그것이 내가 할 수 있는 애도라고 생각했다.

이 글은 어디까지나 내 개인이 경험하고 읽은 베를린에 관한 서술과 평가이므로 주관적 보고라는 한계를 안고 있다. 그러나 왜곡하지 않으려고 노력했다. 나는 이 글을 쓰면서 독자들이 베를린을 통해 우리의 도시를 새롭게 상상해 볼 수 있기를 바랐다. 베를린이 모범 정답은 아니다. 그러나 반란의 도시 베를린이 도시 정치, 도시법과 관련하여 많은 얘깃거리를 제공해 주는 건 사실이다. 동료 시민과의 토론을 기대하며 두서없이 이야기를 시작해 보겠다.

나는 2017년 8월에서 2018년 7월까지, 1년을 베를린에서 보냈다. 그러면서 때때로 유럽 도시들을 여행했다. 나는 '빛을 보러觀光' 다녔다. 그런데 오래 관찰하다 보니 어둠도 보였다. 사람들은 비명을 지르고 있었고, 거리는 가난한 자들로 가득했다. 나는 베를린과 유럽의 몇몇 대도시에서, 사회 양극화의 공간적 표현인 계급 도시를 체험했다.[1] '1970년대 이래 북미와 서유럽 대도시의 일부 지역에서 발생하던 특별 사례였던 젠트리피케이션은 이제 세계 모든 도시(발전)의 일상이 됐다.'[2] 원 거주자들은 축출되고 중산 계급이 그 자리를 차지했다. 독일 전역에서 100만 명의 사람들이 안정된 집 없이 떠돌고 있고, 노숙자들은 길거리에서 얼어 죽는다.

그 원인으로 가까이는 2000년대 초반 우경화된 사회민주당 정권이 밀어붙인 하르츠Hartz '개혁'이 지목된다. 그것은 과연 개혁이었을까? 이유야 어쨌건, 전후의 사회 국가 체제를 대폭 수정한 노선 전환이 초래한 노인의 빈곤을 매번 길거리에서 마주하는 건 힘든 일이다. 특히 이방인인 나 같은 사람들에게 그런 순간은 더더욱 곤혹스럽다. 그들은 "우리를 바라보았다. 늙은 양복장이가 바늘귀를 꿰듯이, 우리를 바라보는 눈매가 속눈썹을 날카롭게 세운 채 매서웠다."[3]

가난한 이들은, 자신들의 사회적 지위 하락이 자국으로 이주해 온 외국인 때문이라는 (극)우파 정치인들의 주장에 빠르게 동조한다. 독일인 3분의 1은 외국인에 대해 적대적이다.

라이프치히대학교의 연구 결과는 이런 태도들이 점점 더 심화하고 있음을 보여 준다. 외국인 적대적 태도는 구동독 지역에서 더 두드러지며, 36퍼센트의 독일인은 외국인이 독일의 복지 시스템에 그저 편승한다며 눈을 흘긴다. 절반의 독일인은 이슬람계 이주민 때문에 자기 나라에서 마치 이방인처럼 느낄 때가 있다고 응답했다.[4] 왜 이렇게 생각할까? 이유가 있을 것이다. 독일에서 태어나 긴 세월을 노동하고(육아, 가사 노동, 노인 돌봄 노동 포함) 은퇴해도, 난민과 '독일 사회에 기여한 게 없는' 외국인에게 주어지는 사회 부조금보다도 더 적은 연금을 받는 독일 노인이 존재한다면, 극우 민족주의자들은 이것을 외국인 공격의 중요 빌미로 삼을 것이다. 이러한 현실을 제어하려면 정치가 제 역할을 해야 한다. 특히 노인 빈곤 문제는 시급히 해결해야 할 과제다.[5]

하르츠 개혁의 이론적 뒷배가 됐던 담론들, 예컨대 '성찰적 근대화'니 '제2의 근대'니 하는 얘기들은 신자유주의의 승승장구에 힘을 보탰을 뿐이다. 독일의 사회학자 울리히 벡은 국가 개입주의가 그 수명을 다했음을 선언했다. 그는 시민 사회의 성찰적 과정을 믿고 국가의 퇴진을 선전했지만, 결국 남은 것은 통제되지 않는 시장, 사회적 개입의 포기였다. 사회적 리스크, 예컨대 비정규직의 증가와 같은 노동 시장의 변화에 따른 리스크 등이 모든 계급에게 민주적으로 분배될 것이라 믿었던 그의 진단도 설득력을 잃었다. 사회의 계층 질서에서 자신이 선 위치가 밑바닥에 가까울수록 그가 직면해야 할 리스크, 즉 현재의 사회적 지위 이하로 추락하거나 밑바닥에서 벗어나지 못할 위험은 더 커진다.[6] 이런 차별적 위험이 존재하는 신분 하강 사회라면 외국인, 난민, 비국민과 같은 타인에 대한 환대와 관용은 기대하기 어렵다. 베를린에 가기 전에 나는 독일이 이 정도일 줄은 몰랐다.

멀리서 보면 바다 위의 낙조는 붉고 아름답게 보인다. 그러나 가까이 가보면 실상 그것은 상어 떼가 만들어 낸 핏빛 바닷물임을 깨닫게 된다. 문자로서의 법과 현실로서의 법이 일치할 수는 없기에 도시법 연구자로서 나는 늘 현실 속의 법을 읽고 싶었다. 도시법 연구자가 직시해야 하는 현실은 무엇일까? 바르셀로나 성가족성당의 주인은 과연 성聖 가족일까, 아니면 자본 가족일까? 섹스 숍이 즐비한 함부르크 상파울리의 레퍼반Reeperbahn이 소돔과 고모라일까 아니면 그곳을 밀어버리고 완전히 자본주의적으로 '재개발'—관료와 개발업자들은 이를 지역 사회의 재활성화neighborhood revitalization 혹은 도시 재생이라고 그럴듯하게 표현하고 있지만—한 새로운 도시 공간이 소돔과 고모라일까?

바르셀로나의 성공은 일정한 장소에 '특별한 탁월성special marks of distinction'을 부여하는 힘, 즉 집합적 상징 자본의 힘에 근거한 것이었다. 그러나 한 도시가 가진 거부할 수 없는 매력은 점차 균질화하는 다국적 상품화를 불러들이고 있다. 이러한 모순을 어떻게 받아들여야 할까? 현재도 그러하고 과거에도 그랬던 것처럼 집합적 상징 자본을 만들어온 것은 모든 사람인데, 왜 이 상징 자본에 따라붙는 독점 지대가 다국적 기업에게 혹은 소규모이지만 유력한 현지의 부르주아지에게만 귀속되는 것일까?[7] 나는, 베를린에서 '걷기 파foot people'가 되어 끊임없이 이런 질문들을 던져 보았다. 답을 얻는 일이 쉽지는 않았다. 그래도 나는 평범한 풍경이, 거리와 공원처럼 소중한 것들이 도시의 다른 특징에 관한 단서 및 열쇠와 밀접히 연결돼 있음을 금세 깨달았다.[8] 자동차 중심의 사고를 하는 사람들car people, 주마간산으로 도시를 훑고 지나가는 사람들은 알아채기 힘든, 혹은 알고자 하지 않는 도시의 보석들을 지키기 위해 싸우는 일은 얼마나 소중한가.

도시가 자동차를 소유한 사람들의 독점적, 독재적 공간이 되어서는 안 된다. 모두에게 열려 있고, 접근 가능한 공간을 만드는 일은 한 공동체를 사회적으로 통합하고, 민주주의적으로 만드는 길이기도 하다. 코펜하겐은 이러한 소중한 인식을 그 어느 도시보다도 일찍 실천에 옮겼다.[9] 베를린도 그 길로 나가고 있는가 혹은 나설 수 있을까? 나의 베를린 걷기에는 늘 이런 생각이 따라붙었다.

도시법의 전체 상상(像)을 얻으려면 도시민들이 법과 법제를 실제로 수용·변용하고 변혁시키는 과정을 관찰해야 한다. 도시와 법은 하늘에서 떨어지는 게 아닌, 갈등과 투쟁, 타협을 통해 만들어진다. 그런데 사실 이런 얘기가 새삼스러운 것은 아니다. '숙고의 자료들은 대부분 바로 내 집 문 앞에 있다.'[10] 그러나 서있는 장소가 달라지면, 그러한 자료들이 더욱 생생하게 보이는 것도 사실이다. 이런 마음으로 길을 나섰지만, 나는 자주 길을 잃었다.[11] 그럴 때마다 외부인이기에 어떤 부분은 더 객관적으로 볼 수 있다는 생각으로 더 자세히 보고, 관련 자료도 찾아서 읽었다. 나의 베를린 산보가 한국의 도시를 이해하는 데 도움이 될 흥미로운 비교의 관점을 제공해 줄 수 있지 않을까 하는 마음으로 도시와 법의 문제를 생각했다. "길을 헤매는 사람에게는 간판, 거리의 이름, 행인, 지붕, 간이매점, 혹은 술집이 말을 걸어오게 마련이다."[12] 사람들이 지하철 승강장에서 떨어져 죽기 시작하자 스크린 도어를 설치한 나라가 있고 사회 복지를 강화한 나라가 있는 것이 아닐까? 스크린 도어가 없는 베를린 지하철역 어느 승강장에서 열차를 기다리다가 문득 이런 생각을 했다. 물론 이런 비교가 반드시 서울과 베를린을 염두에 둔 것은 아니다. 베를린이 사회 복지를 강화한 도시에 해당하는지도 잘 모르겠다. 그럼에도 불구하고, 173개의 베를린 지하철역 표지판 디자인을 보면서 내가 느꼈던 마음은 여전히 유효하다고 생각한다. 전부는 아니지만, 정말 다양한 글자 폰트와 디자인의 역 간판은 이 도시의 다양성을 과시하는 것 같았다. 과문하지만, 유럽의 어느 대도시에서도 이런 다양성은 만나지 못했다. 어떤 의미에서건 베를린은 나에게 지적 자극과 비교의 시각을 가져다줬다. 법 연구자에게 이런 경험은 매우 중요하다.

난민과 이민자들을 품어온, 반란의 도시

베를린을 특징짓는 열쇠 말은 다양성이다. 다양성은 베를린만이 아니라 대도시라면 대체로 갖추고 있는 특징이지만 이것은 더욱더 각별하게 베를린의 역사에 새겨져 있다. 프로이센 왕국 이전의 베를린은 슈프레강을 낀 조그마한 교역 도시에 불과했다. 인구도 많지 않았다. 그러다가 1701년 프로이센 왕국의 성립 이후 크게 발전한다. 프로이센 왕국은 브란덴부르크 대大선제후국에서 커온 나라다. 프로이센은 17세기 말에서 18세기 말까지 1세기에 걸쳐 영토를 확장했다. 그 마무리를 한 사람이 프리드리히 대왕이라고 불리는 프리드리히 2세였다. 그런데 '늙은 프리츠'라고 불리던 그를 만든 건 그의 선조, 프리드리히 빌헬름 폰 브란덴부르크였다. 이 대선제후의 가장 위대한 업적은 1685년 낭트칙령의 폐지로 프랑스에서 쫓겨날 위기에 놓인 위그노(프랑스 칼뱅파)들을 베를린에

오게 한 것이다. 당시 베를린 사람 다섯 명 중 한 명이 위그노였다니 이주의 규모를 짐작케 한다. 이때 넘어온 1만 5000명의 위그노 중 다수는 장인, 학자, 신학자, 의사 등 전문 직업인이었다. 이들은 경제와 교육 분야에 놀라울 정도로 기여했다.[13] 브란덴부르크 대선제후국은 이로써 100년 폭풍 성장의 기틀을 마련했다. 베를린을 걷다 보면 바로 이런 역사의 현장을 여기저기서 만날 수 있다. 특히 베를린의 도심, 그래서 지명도 슈타트미테Stadtmitte인 지역은 바로 이 위그노들이 최초로 정착해 지금까지 그 흔적을 남기고 있는 곳이다.

독일은 여러 나라 사람들이 국경을 넘어 빈번히 이동할 수 있는 지리적 여건을 가진 나라다. 독일사는 인구의 끊임없는 유출과 유입의 역사를 보여 준다. 중세 시기의 동유럽 진출은 유출의 사례이고, 17~18세기 프로이센에 의한 다수의 이민자 수용은 유입의 대표적 사례다. 19세기에는 미국 이민이 최고조에 달했다. 100년간 550만 명의 독일인이 아메리칸 드림을 찾아서 대서양을 건넜다. 그러나 독일이 후발 자본주의 국가로 우뚝 서면서 인구 유입이 유출을 능가했다. 1890년대 후반 이후 독일은 노동력을 수입하는 국가가 됐다. 제1차 대전 전후에 독일 내 외국인 노동자 수는 120만 명을 넘었다.[14]

베를린을 강하게 만든 건 바로 이러한 다문화와 사회적 연대였다. 물론 베를린 사람들이 처음부터 유대인, 외국인 노동자, 난민을 평등하게 대하진 않았다. 특히 유대인에 대한 차별은 이곳에서도 뿌리 깊었다. 그 흔적은 베를린의 전역에서 여전히 확인할 수 있다.

독일에서 아우슈비츠 등지로 잡혀간 유대인 중 3분의 1은 베를린에 살던 사람들이었다. 독일 내 유대인 디아스포라에서 베를린은 특별한 위치를 점하고 있다. 1933년 히틀러가 집권했을 때 독일에는 50만 명 정도의 유대인이 살고 있었다. 이 중에서 17만 명이 베를린에 정주하고 있었으니 유대인 공동체에서 베를린의 의미는 각별하다. 이들 유대인의 베를린 내 집단 지구는 슈판다우어 포어슈타트Spandauer Vorstadt에 위치해 있었다. 슈판다우어 포어슈타트는 우리말로 '슈판다우 문 앞 동네'라는 뜻이다. 베를린이 아직 중세 시대의 도시 모습을 간직하고 있을 때 이곳은 성벽과 함께 베를린 서북부 지역인 슈판다우로 가는 슈판다우 성문이 있던 곳이다. 지금은 미테Mitte 지구, 즉 시내에 속해 있지만, 옛날에는 베를린의 변방이었던 곳이다. 여기에 유대인들과 빈민들이 살았다. 이 지구 중심부에 자리 잡은 옛 유대인 묘지에는 낭만파 작곡가인 펠릭스 멘델스존의 조부이자 탁월한 계몽 철학자였던 모제스 멘델스존과 같은 유대인뿐 아니라, 1945년 4월의 마지막 전투에서 사망한 2500명이 넘는 독일인들도 같이 묻혀 있다. 나치스 시절에 묘지가 파괴되기 전에도, 이미 유대인들은 묘지의 상당 부분을 기독교 교회 공동체에 내놓으며 독일인과의 공생을 모색했다. 감사히 이 땅을 받은 독일 개신 교회는 여기에 소피아 교회Sophienkirche를 세웠고, 이후 유대 교회 공동체와 좋은 관계를 유지했다. 가톨릭, 개신교, 유대교가 서로 양보하고 이해하며 지냈기 때문에 사람들은 이 유대교 묘지가 있는 거리, 즉 그로쎄 함부르거 슈트라세Große Hamburger Straße를 관용의 거리라고 불렀다. 나치스는 이 200년 공존의 역사를 철저히 파괴해 버렸다.

이 거리를 걷다 보면, 베를린, 아니 독일 전역의 그 어디보다도 많은, '걸림돌Stolperstein'이라는 이름의 기림 돌을 만나게 된다. 독문학자 김누리는 이 슈톨퍼슈타인을 '세상에서 가장 아름다운 걸림돌'이라고 표현했다.[15] 그러므로 유대인에게 베를린은 여전히 상처의 도시이지만, 기억하기를 통해 그 상처를 치유해 가는 도시이기도 하다.

유대인 박해에 대한 반성에 더해 자신들 스스로가 똑같은 처지가 되는 경험은 전후 독일인들의 의식을 형성하는 데 큰 영향을 줬다. 독일계 주민들은 1945년 이후 동유럽에서 추방됐다. "1950년까지 대략 1200만 명에서 1500만 명의 독일인이 중앙 유럽과 동유럽의 고향에서 탈출하거나 강제로 쫓겨났다. 대부분 갈 곳이 없었다."[16] 독일인들은 외국인, 난민을 독일 사회에 통합하고 유대인과 공존하는 법을 배워 왔다. 그래서 난민으로 인해 '우리 사회의 민족적 정체성'이 위협받는다는 비판이 나오면 그들은 이렇게 응대한다. '우린 원래부터 다문화였다. 그리고 이것이 독일이 가진 저력의 바탕이다.' 이러한 자의식은 베를린과도 잘 맞는다.

베를린은 20세기에 다섯 번의 체제 변화(독일 제2제국-바이마르공화국-나치스 정권-분단과 베를린 장벽 하의 냉전 체제-통일 자본주의 도시)를 경험했다. 혁명과 전쟁, 분단과 장벽, 추방과 귀환이라는 격변 속에서 급격한 인구 구성의 변화도 겪었다.[17] 베를린 알렉산더 광장에서 혼란을 느낀 사람이 어찌 '프란츠 비버코프' — 알프레드 되블린의 소설 《베를린 알렉산더 광장》의 주인공 — 만이었을까? 처음에는 위그노들이, 이후에는 독일 자본주의의 성장기에 도시로 몰려온 국내외 노동 이민자들이, 그리고 전후에는 동유럽에서 추방된 독일계 주민들과 전후 부흥을 위해 집단적으로 건너온 튀르키예계 초청 노동자가 테겔 형무소에서 막 출소한 비버코프와 비슷한 심정이었을 것이다. 이들을 맞이한 것은 가난하지만 함께 사는 공동체 문화였다. 이민자들은 과거 베를린의 유대인 공동체가 그러했던 것처럼 기존의 공동체와 크게 충돌하지 않으면서도 자신들의 문화를 지키며, 베를린에 터를 잡았다.

그러나 나는 이런 분위기가 변하고 있음을 몸으로 느꼈다. 앞서 지적했듯이 외국인에 대한 배타적 태도는 물론이고 도시민들의 생활 양식도 바뀌고 있다. 환경, 인간, 사회, 이 모두가 세계화의 영향을 받고 있으니 도시와 도시의 문화가 변하는 건 어쩌면 너무나 당연한 일인지도 모르겠다. 1990년대 중반 독일 소도시 튀빙겐에서 유학할 때 나는 이 나라가 환경 독재 국가가 아닐까 하고 생각할 때가 많았다. 그로부터 20여 년 뒤 독일에서 인구가 제일 많은 대도시에 살아 보니 생각이 달라졌다. 그사이 반환 보증금Pfand 제도에 의해 회수되지 않고 그냥 폐기되는 플라스틱 용기들이 크게 늘었다. 이 중 절반 이상은 음료수 병이다. 왜 이런 일이 벌어질까? 잠시만 생각해 보면 답을 금방 알 수 있다. 지역에서 생산하고 지역에서 소비하며, 지역에서 빈 병을 회수해 다시 사용한다면 반환 보증금 제도는 효과적이다. 그러나 코카콜라 같은 글로벌 기업이 음료 시장을 장악한다면 이야기가 달라진다. 그들은 빈 병 회수와 집하에 돈이 더 든다고 말한다. 환경은 고려의 대상이 아니다. 상점 개점 시간도 아주 길어졌다. 완전히 내 맘대로 소비 사회가 된 건데, 이렇게 '자유로운' 사회가 될수록 불평등은 더 심화한다. 플라스틱 등 일회용 폐기물의 배출량과 사회·경제적 불평등 사이에는 분명 상관관계가 존재한다.

우리가 한국 자본주의의 폐해라고 비판해 왔던 것 중 상당수는 점차 세계의 새로운 표준, 뉴노멀이 되고 있다. 여기에는 흔히 젠트리피케이션으로 표현되는 원주민의 축출, 원주민과 이주민 사이의 갈등과 대립도 포함된다. 대부분 베를린, 특히 크로이츠베르크에서 나고 자란 사람들인 튀르키예계 이민 노동자의 후손들은 무수한 모욕에 시달리며, 다수가 도시 중심에서 쫓겨나고 있다. 그러면서 베를린이라는 도시에 대한 그들의 공헌은 무시되고 있다. 독일인이지만 이슬람계여서 불이익을 받는다면, 그들의 정당한 분노는 복지 국가를 축소하고 혐오를 조장하며 차별을 시행하는 국가와 자본을 향해야 한다. 그러나 늘 그렇듯이 분풀이 대상이 '정치적으로 올바르게' 선정되는 일은 드물다. 오히려, 사회·경제적 어려움 때문에 헐거워진 마음은 억눌러 왔던 전통적인 혐오를 다시 활성화한다. 최근 독일 내 반유대주의가 다시 두드러지는 건 이런 배경을 갖고 있다. 통계에 따르면 반유대주의에 가담한 세력의 상당수는 이슬람계 독일인이다.[18]

독일의 그 어느 곳보다 개방적이고 포용적이었던 곳이 바뀐다는 것은 독일 사회의 변화를 상징한다. (서)베를린 사람들은 냉전 시대 소련에 의한 봉쇄를 겪었고, 장벽과 철조망에 막혀, 오도 가도 못 하는 섬 주민처럼 살았다. 이러한 상황이 역설적으로 베를린 사람들의 개방 지향성을 만들었다. 그곳에서 반反난민, 반이민은 베를린답지 못한 태도로 비판받아 왔다. 그런데 이러한 태도가 변하고 있다. 이것은 프로이센의 낡은 군국주의와 맹목적 법실증주의를 조롱해 온 베를리너Berliner의 기본 정념Affect과도 맞지 않는다. 의심스럽다면, 칼 추크마이어Carl Zuckmayer의 희곡 《쾨페닉의 대위》를 읽어 보면 좋겠다. 68세대인 베를린의 내 친구 마틴 쿠차Martin Kutscha 교수는 보행자 신호등이 빨간색이어도 차가 안 오면 그냥 건너갔다. 그러면서 가끔 이렇게 중얼거렸다. "합법이니 불법이니 하는 법률 독재적 발상은 개나 줘버려" 알고 보니 그가 내뱉은 말은 1970년대 주택 점거 투쟁 시절부터 베를린 사람들이 즐겨 썼던 저항의 구호였다.

베를린은 함부르크, 프랑크푸르트와 함께 1970~1980년대의 주택 점거 투쟁의 본산이었다. 그중에서도 베를린 크로이츠베르크 지역은 여전히 이 투쟁의 중심지다. 2021년 9월 26일 베를린주 의회 선거와 동시에 시행된 베를린주 국민표결(주택 사회화 찬반 표결) 운동이 가장 활발했던 곳도 크로이츠베르크 지역이다. 되돌아보면 주택 점거 투쟁이 활발했던 시기에 베를린 시민의 연대와 포용의 정신도 고양됐음을 확인할 수 있다. 반란의 도시 베를린은 난민과 이민자들의 도시이기도 했다. 베를리너는 무엇에 저항했는가? 무엇을 위해 싸웠는가? 그들은 땅 주인, 건물주의 소유권 독재[19]에 맞서 '거주하는 사람'의 주거권을 위해 연대하고 투쟁했다. 이하에서 나는 베를린의 이러한 면모를 '반란의 도시Stadt der Revolte, 베를린'이라는 주제 아래 조금 더 자세하게 풀어 볼 것이다.

1 베를린의 도시-법-사회사

베를린은 브레멘, 함부르크와 함께 시(市)면서 동시에 연방을 구성하는 주(州)라는 독특한 성격을 갖는 도시다. 베를린은 주이므로, 베를린에는 별도의 헌법과 헌법재판소가 있다(베를린 헌법 제84조). 베를린시장(베를린 헌법 제55조 제2항)은 정확히는 베를린주지사이지만, 통상 베를린시장으로 불린다. 이하에서는 베를린시 혹은 베를린시 정부라고 표기했지만, 그 의미는 베를린주 혹은 베를린주 정부를 지칭하는 것임을 미리 밝혀 둔다.

가난하지만 섹시한 도시

사회민주당 출신으로 베를린시장을 세 번이나 역임(2001-2014)한 클라우스 보베라이트Klaus Wowereit는 2003년의 한 인터뷰에서 "베를린은 가난하지만 섹시한Berlin ist arm, aber sexy"도시라고 말했다. 이게 무슨 말인지는 베를린 도심을 한 시간만 걸어 보면 알 수 있다. 베를린의 거리는 "거대한 문화 실험실"[20]이다. 그라피티와 거리 미술은 이 도시의 자유와 분방함, 저항 정신을 과시한다. 그라피티는 공공 공간을 둘러싼 투쟁을 환기한다.

거리에서 이뤄지는 예술적 시도들은 공공 공간이 정말로 공공적인가, 공공의 것인가라는 질문을 던진다. 공공 공간은 정치적으로나 사회적으로나 결코 중립적이지 않으며, 충돌과 갈등 ― 그것이 물리적이건 공동체 정치적이건, 미학적이건 혹은 문화적이건 ― 의 싹을 품고 있다. 거리 미술과 관련해서는 공공 미술 프로젝트를 통해 이득을 얻는 자는 누구이며, 여기서 배제되는 자는 누구인지를 묻는 것이 특히 유의미하다. 거리라는 공공 공간에 작품을 새겨 넣는 것은 공인된 시각 언어와 관념에 대한 저항 행위다. 달리 말하면, 도시 공간을 '허가 없이' 시각적으로 변모시키는 것은 공간의 자본주의적 형성에 대한 일종의 반란 행위다.[21] 부자와 자본가들에 맞서 그라피티 작가와 거리 예술가들은 공공 공간의 재탈환에 몰두한다.[22] 그라피티로 가득 찬, 그러나 지금은 하나둘 지워지고 있는 베를린의 도심과 그 주변 공간은 그래서 가난하지만 섹시하다.

가난하지만 섹시하다는 것은 이 도시가 상업적이지 않은 매력을 갖고 있다는 뜻이다. 나는 이 도시의 가난한 섹시함을 드러내는 또 다른 사례로 베를린의 근대 집합 주택 단지 지들룽Siedlung를 들고 싶다. 어느 도시가 스스로를 하나의 작품으로 인식하면서 도시의 상품화에 저항한다면, 그 도시는 아직 섹시한 아름다움을 잃지 않았다고 말할 수 있다. 어느 도시의 주택과 주거의 정치가 교환 가치가 아니라 사용 가치를 중심으로 움직이고 있다면, 우리는 그곳을 가난하지만 섹시한 도시라고 말할 수 있다.

여기서, 잠시 19세기 이래 베를린에서의 주택 건설의 역사, 특히 1924년 이후 집합 주택 단지 건설의 역사를 간략히 짚어 볼 필요가 있다. 우선, 1차 대전 이후의 심각한 주택난에 직면하여 1923년에 제정된 임차인 보호법Mieterschutzgesetz을 주목해야 한다. 이 법에 이어 '인플레이션에 따른 건축 부동산에 대한 이익 조정에 관한 법률'에 의거하여 주택 이자세Hauszinssteuer가 도입됐다(1924년). 이 세금은 1920년대 전반의 인플레이션에 수반하는 임대료 폭등으로 인해 임대인이 얻었을 것으로 상정된 이득을 재분배하는 것을 목적으로 징수되기 시작했는데, 여기서 조성한 세수는 건축협동조합, 노동조합, 게마인데(기초 자치 단체), 공익적주택건축협회 등에 의한 비영리 주택 건설에 적극적으로 투자됐다.[23] 흔히 '주택 이자세 시기'로 지칭되는 1924년부터 1931년 사이에 건설된 주택 가운데 절반이 주택 이자세를 통해 조성된 세수의 지원을 받았고, 1929년에 그 수치는 79.4퍼센트에 달했다.[24]

19세기, 교외에 한 가구 주택을 건설하고 이를 계속 늘려 가는 방식으로 도시 공간을 넓혀 간 영국과 달리 독일은 집합 주택을 거대화하는 방식으로 커진 주택 수요에 대응했다. 독일에서는 일찍이 1820년대에 2000명이 사는 400세대의 노동자를 위한 집합 주택 단지가 출현했다. 당시로서는 꽤 큰 규모였다.[25] 이러한 집합 주택이 베를린에서는 1860년대 이후 많이 건설된 임대 막사Mietskaserne[26]의 형태로 나타났다. 임대 막사는 규모가 극히 작고 환기, 통풍, 화재 대비 등에서 여러 문제를 안고 있던, 방 두 개 혹은 방 세 개의 주거지 50~80개가 한데 모인 대규모 임대 주택을 이르는 말이다.[27] 임대 막사가 이 시기 이후 다수 등장한 데는 1862년에 책정된 호프레이트 계획안Hobrechtplan이 한몫했다. 이 도시 계획은 개개의 토지 구획을 불필요하게 넓고 깊게 설정했기 때문에 행정청은 도로와 접하지 않는 토지의 후면에도 건축이 가능하도록 허용할 수밖에 없었다. 도시 계획 도면을 보면 도시 중심과 교외 사이가 호프레이트 계획안의 적용 대상 구역이 되는데, 관공서 등이 집중해 있는 도심 바로 밖 공간이자 교외 안쪽에 위치한 호프레이트 구역 안에서 밀집도가 높은 임대 막사가 난립하게 된 것은 자연스러운 과정이었다.[28] 임대 막사는 건물의 수용력을 높이기 위해 미음(ㅁ) 모양의 중정을 품은 건물로 지어졌다.

임대 막사의 등장으로 베를린의 상하수도 보급과 기간 시설 정비가 급속히 진행됐지만, 이들 주거의 열악함에 대해서는 오래전부터 지적돼 왔다. 그러나 옛 지배 계급과 부르주아 시민 계급의 타협적 정치 체제인 입헌 군주제하의 국가와 지방 자치 단체는 이 문제에 개입할 의사가 별로 없었다. 이러한 기조는 총력전 체제로 치러진 1차 세계대전 기간 중의 전시 경제 체제 때부터 변하기 시작해 바이마르 공화국 시기에 전면적으로 수정된다. "1918년에 제정된 프로이센 주택법을 필두로 한 각종 주택 관련 입법이 정비되면서 사회적 주택 건설의 제도적 기반이 확립돼 갔기 때문이다."[29]

1920년대에 집합 주택 단지 건설이 집중된 것은 이러한 역사를 배경으로 하고 있다. 이때 만들어진 집합 주택 단지 중 여섯 개가 2008년에 유네스코 세계 유산에 등재됐다.[30] 유네스코는 20세기 초에 건설된 이들 여섯 개 집합 주택 단지들의 건축 문화적 가치를 높이 평가하지만, 나는 이들 주택 단지의 사회적 가치에 주목하고 싶다. 가난에서 발생하는 이웃 간 갈등과 분쟁을 겪으면서도 중정에 모여 함께 놀이하고, 토론하고 투쟁해 나갔던 주민들의 사회적 삶은 때로는 '공화국의 적'에 맞서 함께 총을 드는 공동체(팔켄베르크 전원주택 단지 사례)로까지 발전했다.

이들 주택 단지의 사회적 가치는 기획자, 설계자, 건설 주체 등을 통해서도 드러난다. 여섯 개의 집합 주택 단지 중 가장 빨리 건설된 팔켄베르크 전원주택 단지를 포함하여 네 개의 단지를 설계한 사람은 브루노 타우트Bruno Taut다. 집합 주택 단지의 사회적 가치를 가장 잘 이해한 건축가였던 그는 콘크리트를 주재료로 한, 모던하고 편의 시설을 갖춘 집합 주택을 설계·시공하는 한편, 집합 주택이 주는 획일성에서 탈피하기 위해 색채를 탁월하게 이용했다. 그는 또한 주택을 소규모로 설계함으로써 노동자 계급도 월세를 감당할 수 있는 주거를 공급하려고 했다.[31] 사회 민주주의[32] 건축 이념을 현실에서 구현해 보고자 했던 마르틴 바그너Martin Wagner는 1926년부터 1933년까지 7년간 베를린시의 도시 건설 감독관을 역임하며 이러한 브루노 타우트의 건축 계획을 지원했다. 그리고 이들의 기획과 설계를 기초로 실제 주택 단지 조성에 참여한 주체들은 주택 이자세로 조성된 공적 자금의 지원을 받은 건축협동조합, 노동조합이 만든 조직, 지방 자치 단체가 만든 조직, 사택社宅, 그리고 공익적주택건축협회 등 비영리 주택 건설 단체들이었다.[33]

그러나 바이마르 공화국 시기에 계획되고 집행됐던 집합 주택 단지 건설은 1929년 대공항 이후 사실상 중단된다. 경제적 위기와 불안정한 재정 상태 — 원래 주택 이자세는 인플레이션 이득에 근거한 한시적인 세금으로 구상됐다[34] — 가 주된 이유겠지만, 나치스와 같은 세력들이 사회 민주주의 이념을 구현한 근대적 건축 실험을 좋아할 리도 만무했다. 나치스는 낭만주의적·민족주의적 건축 양식에 열광하면서 싱켈 Karl Friedrich Schinkel이 구축한 고전주의 전통을 1930년대에 되살리려 했다. 그 대표적인 예가 히틀러의 수석 건축가였던 알베르트 슈페어Albert Speer의 베를린 개조 계획이었다. 1936년 베를린 올림픽을 전후로 국가 사회주의자, 나치스들의 관심은 오로지 베를린을 세계적인 메트로폴리스로 만드는 것이었다.

19세기 중반 이래 집합 주택 단지의 건설은 노동자들을 한곳에 뿌리내리게 해 자신들의 산업 시설에 결속시키고, 직원이나 숙련 노동자 중 회사에 충성하는 이들을 만들어 내기 위한 목적(19세기의 회사 주택)[35], 혹은 노동자들의 저항을 봉쇄할 반혁명 전략으로 기획되고 집행된 측면이 있다. 열악한 주거 환경이 결국 노동 계급을 사회민주당으로 기울게 할 것이라는 공포감을 가졌던 부르주아 계급 사회 개혁가들 — 대표적으로 1873년에 조직된 사회정책협회Verein für Socialpolitik 소속 언론, 학문, 정치, 경제계 인사들 — 은 노동자 주택 문제에 관심을 가져야 한다고 호소했다. 이러한 호소는 19세기 중엽 이래 지속됐다. 부르주아 계급 중 일부는 공간적 조건이 심각한 사회 문제를 불러일으킬 수 있다는 점을 사회적으로 환기하고, 생산 관계에서 생겨나는 계급 간 갈등과 투쟁을 재생산 조건의 변화, 즉 주거 환경의 개선을 통해 완화하고자 했다.[36]

그러나 이것이 전부는 아니었다. 20세기 집합 주택의 건설은 19세기 중반 이후 조합 주택을 건설하려는 노동자 자치 운동과도 연결되어 있다. 앞서 언급한 지들룽은 이 운동의 한 정점을 이룬다. 나는 여섯 개의 지들룽이 유네스코 세계 유산에 선정된 것은 이들이 가난하지만 섹시한 베를린 건축 문화의 대표자로서 주거의 역사성, 정치성, 사회성을 표징表徵하고 있기 때문이라고 생각한다. 다만, 현재는 이들 주택 단지 중 네 개를 베를린 제1의 임대 주택 회사이자 부동산 복합 기업인 '도이체보넨Deutsche Wohnen'이 소유하고 있다.

1990년대와 2000년대 민영화 광풍이 불던 시기엔 어느 나라에서건 사회민주당 등 중도 좌파들이 주택 민영화에 반대하지 않았다. 심지어 적극적으로 자신들이 나서서 공공 주택을 팔아 버렸다. 공공 부문의 부채 비율이 너무 높은데, 그 부채의 상당 부분이 공공 주택 건설로 인한 것이라는 논리를 대면서 말이다.[37] 1920년대의 집합 주택 단지 중 다수가 이 시기에 시장으로 넘어가 버렸다. '집은 넘쳐나고 돈은 바닥이다, 그러니 시가 가진 공공 주택을 다 팔아야 한다'는 논리였다. 이런 맥락을 이해하고 다시 읽으면, 가난하지만 섹시한 도시라는 표현은 난센스가 된다. 가난하지만 섹시하다는 보베라이트의 말은 좋게 말해 도시 마케팅, 실질적으로는 도시의 공유 자원을 매각하려 나선 신자유주의자들의 정치 강령이었던 셈이다.

다만, 2017년에 이어 2021년의 적(사회민주당)-적(좌파당)-녹(녹색당) 연정을 주도했던 베를린 사회민주당 정부는 보베라이트의 정책을 더는 계승하지 않았다―2023년 4월에 이 연정은 기독교민주당과 사회민주당의 대연정으로 대체됐다 ─ . 그것이 일말의 위안이 될까? 그때는 그럴 수밖에 없었다는 그들의 반성을 과연 어떻게 받아들여야 할까? 반성은 말로 하는 게 아니다. 시민들과 함께 도시에서 투기 자본을 몰아내고, 도시를 다시 자신들의 것으로 되돌리려는 시민 저항을 사회민주당이 제도적으로 뒷받침하지 못한다면 그들의 반성은 그저 하나의 수사에 그치고 말 것이다. 자신들의 도시를 되찾기 위한 베를린 시민들의 저항은 런던, 뉴욕[38] 시민들의 그것과 비교해도 특별한 데가 있다. 그리고 이 특별함은 1920년대 바이마르 시기에 시작된 이후, 오랫동안 독일 주택 법제의 근간이 돼왔던 주택 통제 경제Wohnungszwangswirtschaft가 1990년대 이후 급격히 붕괴하기 시작한 것과도 연결돼 있다.

격변의 베를린 주택 사정

1990년 독일의 통일 이후 30년 동안 베를린의 주택 사정은 격변했다. 자본 중심의 도시 재개발이 도시 전역에서 전개됐다. 베를린시 당국은 구동독 시절의 노후 주택들을 유지, 관리하는 비용을 떠안지 않으려 했고, 재정적 부담을 이유로 시영 주택을 민간에 매각했다. 특히 보베라이트는 수십만 채의 시 소유 주택 혹은 시가 가진 주택 회사의 지분을 부동산 임대 사업자에게 헐값으로 넘겼다.

　도시권 운동가이자 도시 사회학자인 안드레이 홀름이

2016년에 추산한 바에 따르면 통일 직후인 1990년에 베를린 시가 소유한 임대 주택은 총 48만 2000호였다. 이는 베를린 전체 주택의 28퍼센트에 해당하는 수치다. 서베를린 지역이 23만 6000호(서베를린 전체 주택 중 24퍼센트), 동베를린 지역이 24만 6000호(동베를린 전체 주택 중 39퍼센트)였다. 동베를린 주민 열 명 중 네 명은 시 소유 주택 생활자였다. 이들 주택은 20개의 시영 주택 회사에 의해 관리됐다. 이후 사유화, 즉 탈사회화Entsozialisierung의 광풍이 불면서 이들 주택 중 절반 가까이인 20만 9000호가 민간에 매각됐다. 불과 사반세기 만의 일이다.[39] 이미 2005년에 시 소유 임대 주택은 27만 3000호에 불과했다. 그런데 매각된 주택 중 절반 이상인 12만 호(57퍼센트)가 보베라이트가 집권한 2001년 이후 민간으로 넘어갔다.[40] 대규모로 매각된 이들 주택을 매수한 건 도이체보넨, 보노비아와 같은 종합 부동산 기업, 기업형 임대 사업자들이었다.[41] 물론 이러한 매각이 베를린에서만 일어난 건 아니지만 베를린의 사례는 특히 충격을 안겼다. 측정 시기가 조금 다르기는 하지만, 1997년부터 2007년까지 독일 전역에서 이뤄진 각 주 및 게마인데 소유 주택의 사유화/민영화가 대략 70만 호의 규모인 것을 감안할 때,[42] 베를린시에서 이뤄진 소유 주택 등의 매각 규모가 얼마나 엄청난지를 알 수 있다.

베를린은 세입자의 도시다. 영국, 미국 등 주요 국가와 비교했을 때 독일은 공공이든 민간이든 임대 주택의 비율이 자가 주택의 비율보다 높은 나라다.[43] 임대 주택, 세입자의 비율은 도시마다 조금씩 다르지만, 대체로 베를린, 함부르크, 뮌헨과 같은 대도시에서 상대적으로 높다. 베를린은 이 중에서도 세입자 비율이 제일 높다.[44] 베를린에는 베를린세입자협회가 있다. 세입자협회는 독일의 모든 도시에 있지만, 베를린세입자협회는 규모나 회원 수, 영향력에서 월등하다. 독일의 임차인 단체의 역사는 100년이 넘는다. 최초의 임차인 단체는 1870년대에 에어푸르트에서 결성됐고, 1880년대를 거치며 각 지역 조직이 만들어졌다.[45] 그러나 제1차 대전 이전엔 임차인 보호법이 제대로 갖춰지지 못했듯, 임차인 단체의 영향력도 미미했다. 그러다가 1차 대전을 거치며 상황은 달라진다. 세입자 보호 조치의 강화는 임차인 조직의 강화로 연결됐고, 양자의 동기화는 지금까지 이어지고 있다.[46] 베를린 세입자들은 서울의 세입자들과는 비교할 수 없는 주거(점유)의 안정성을 누려 왔다.[47]

이런 상황이 급격히 변한 건 2000년대 말 금융 위기 이후다. 공공 임대 주택의 매각과 함께 민간 임대 주택이 자가 주택(=소유권 주택)으로 전환되는 일이 빈번히 일어났다. 지난 20년간(1998~2018) 독일의 자가 주택 비율의 추이를 살펴보면, 전체 자가 주택 비율은 40.9퍼센트에서 46.5퍼센트로 상승했다. 미국, 영국에 비하면 자가 주택의 비율은 낮다. 독일 전국과 베를린을 비교해 보면 어떨까. 1998년 당시 전국 평균 자가 비율이 40.9퍼센트일 때 베를린은 11퍼센트였다. 그러던 것이 20년 만에 거의 두 배로 올랐으니(17.4퍼센트), 세입자 도시 베를린이 얼마나 출렁이고 있는지를 알 수 있다.[48]

베를린에서는 2020년에만 1만 9189호의 집이 임대 주택에서 자가 주택으로 변경됐다. 이 비율은 전년 대비 51퍼센트 늘어난 것이고 지난 6년간의 통계 중 최고치다. 2015년 이래 9만 1000호의 집이 임대 주택에서 자가 주택으로 바뀌었다. 구區별 통계치를 보면 프리드리히스하인-크로이츠베르크구가 1만 8000호, 샤를로텐부르크-빌머스도르프구가 1만 4000호다. 슈판다우는 1500호다.[49] 이 수치는 도시민의 저항이 크로이츠베르크 지역에서 특히 더 격렬한 이유를 보여 준다.

임대 주체가 공공에서 임대 기업으로 바뀌면서 임대료도 크게 올랐다. 2004년에서 2014년 사이 주요 도시의 임대료 상승률은 베를린이 45퍼센트, 뮌헨이 27퍼센트다.[50] 임대료 폭등은 2013년에 주택 임대차법에 일부 개정이 이루어진 배경이기도 하다(민법 제558조). 그러나 민법, 즉 연방 차원의 임대료 통제는 여러 예외적 사례에서 한계를 드러내고 있다. 예컨대 임대인은 기후 변화 대처라는 명분 아래 주택을 수선해 '현대화'하고 이것을 근거로 임대료를 올릴 수 있는 합법적인 수단을 갖고 있다. 이것이 거대 임대 기업이 임대료 상승을 위해 즐겨 사용하는, 이른바 주택의 현대화 조치다. 현대화=대수선=개량 조치란 2013년 독일 민법 개정으로 완전히 새롭게 정의된, 건축상의 변경을 말한다(제555b조). 주택의 개량 조치가 행해지면, 임대인은 집을 위해 지출한 비용의 8퍼센트를 매년 더 걷을 수 있다(제559조 제1항). 이 조항의 실제 적용과 관련하여, 세입자 단체는 개량 조치가 임대료 상승의 수단으로 이용되고 있다고 비판한다.

베를린시가 별도로 시행하려고 했던 임대료 통제에도 제동이 걸렸다. 사정은 이러하다. 보베라이트 이후 2014년부터 2021년까지 베를린시장직을 수행한 미하엘 뮐러(사회민주당)는 2016년의 제2기 시 정부를 적(사회민주당)-적(좌파당)-녹(녹색당)의 연립 정부로 구성했다. 이 제2기 시 정부하에서 주택 정책을 담당한 정당은 좌파당이었다. 좌파당은 한계를 드러낸 연방 차원의 임대료 규제를 보완하고, 지불 가능한 수준의 주거를 확보하기 위해 주 차원의 입법 조치가 필요하다는 방침을 세웠다.[51] 이를 관철하기 위해 관련 부처와 연립 정부 참여 정당 간의 논의 끝에 법적으로 강제되는 5년간의 임대료 동결이라는 핵심 정책 사항을 확정한 뒤, 이를 법제화했다. 그 결과물이 바로 '2020년 2월 11일 자 임대료 제한에 관한 법률 개정법'이었고, 이 개정 법률의 핵심이 바로 '베를린 주택 임대료 제한법'이었다. 베를린만의 독자적인 임대료 상한 규정을 담고 있는 이 '임대료 제한법'은 2019년 6월 18일을 기준으로 5년간 임대료를 동결하며, 임대료 최고 한도를 넘기면 임차인은 한도를 넘는 임대료 부분의 반환을 청구할 수 있도록 했다. 또한 신규 임대의 경우에도 임대료 상한을 적용하도록 했고, 기존 임대료도 임대료 상한 기준에 맞춰 감축할 수 있도록 했다.

이 법률이 제정되자 민간 임대 기업 측은 즉각 반발했다. 건설에 투자가 안 될 것이고, 건물의 수선 관리가 어려울 것이라는 논리를 들이댔다. 그러나 이 법률 제정에 앞장섰던, 2020년 2월 당시 도시 발전 및 주거 문제 담당 장관이었던 좌파당의 카트린 롬프셔Katrin Lompscher는[52] 집을 짓는 게 능사가 아니고, 가진 집을 잘 배분하고 통제하는 것이 정치의 역할이라고 줄기차게 주장했다. 그러면서 이것이 적-적-녹의 베를린 연립 정부가 수립된 2016년 이후 줄곧 추진해 온 정책임을 강조했다.[53] 이런 그의 기본 입장(이른바 '베를린 모델')은 기독교민주당 등 보수 정치 진영으로부터 엄청난 비판과 공격의 대상이 됐다. 롬프셔는 '건설을 안 하는 건설부 장관'이라는 별명까지 얻었다.

베를린의 150만 주택이 임대료 동결 정책의 대상이 됐다. 또한 그간 임대료 인상을 위한 편법으로 사용된 대수선=개량 조치는 행정 당국의 사전 승인을 받아야 했다. 이 법안이 만들어졌을 때부터 연방의회의 법안검토부서는 이 문제는 주가 아닌 연방이 규제 권한을 갖는 사안이라고 반박했다. 결국 이 법률은 연방헌법재판소에 제소됐다. 동 재판소는 2021년 3월 25일, 이 법률이 위헌 무효라고 결정했다. 연방헌법재판소의 위헌 이유는 다음과 같았다.

> 민간이 돈을 대어 건설하고 자유로운 주택 시장에 제공하는 주거 공간에 대한 규율은 경합적 입법 사항이다. 이것은 연방이 법률로 그 입법권을 행사하지 않는 경우, 그리고 그러한 한도에서만 주가 입법권을 행사할 수 있다는 의미다(독일 헌법 제70조, 제72조). 그런데 이미 연방 입법자가 민법 제556조-제561조를 통해 임대료 법을 제정했으므로, 연방법의 봉쇄 효과에 의해 주는 입법 권한을 갖지 못한다.[54]

베를린 주택 임대료 제한법은 이러한 연방과 주의 권한 배분 규정을 위반하여 임대료를 규율하므로 법률 전체가 무효다.[55] 베를린 독자의 임대료 규제법이 연방헌법재판소의 결정으로 무효가 되면서 베를린 세입자 투쟁은 일격을 당했다. 그러나 주거의 안정성, 감당할 수 있는 임대료를 위한 그들의 투쟁까지 패배한 것은 아니다. 연방헌법재판소가 지적한 위헌 이유는 연방과 주의 권한 배분 규정 위반이다. 주택 시장을 규율할 주의 공법적 권한 전체를 봉쇄한 것이 아니다. 베를린의 세입자 운동은 임대료 규제를 포함하여 민간 임대 주택 시장을 규제할 민주주의적 권력을 어떤 방식으로든 찾아내려고 할 것이다.

독일에서 임대료 규제 등 민간 임대 주택 시장 규제가 중요한 이유가 있다. 독일은 네덜란드, 오스트리아, 스웨덴 등과 달리 공공 임대 주택보다는 민간 임대 주택의 비중이 높으며,[56] 임대료를 통제함으로써 주택 시장을 관리해 온 나라다. 덴마크의 사회학자 에스핑앤더슨Gøsta Esping-Andersen은 복지 국가 레짐(체제)이라는 개념을 동원하여, 보수주의, 자유주의, 사회 민주주의 레짐하에서 복지 국가가 각각 어떻게 다른 양상으로 전개되는지를 설명했다.[57] 토지 및 부동산 연구자들은 에스핑앤더슨의 이런 논의를 응용하여 토지 시장에 대한 복지 자본주의의 대응이 위 세 레짐별로 각각 달라질 수 있다고 설명한다.[58] 이것을 주택 레짐/주택 체제Housing Regime라 한다. 주택 문제를 주택 레짐/주택 체제로 바라본다는 것은 "개별 국가들의 구체적인 주택 정책을 고려하는 선을 넘어" "이를 자유주의, 보수주의, 사회 민주주의 등 다양한 이데올로기와의 관련 속에서, 그리고 계급 갈등, 국민 국가 건설, 조합주의,

부의 재분배 등, 권력 관계와의 폭넓은 관련 속에서 바라본다는 의미다."[59]

보수주의 레짐의 독일 복지 국가는 임대 주택을 자가 주택보다 더 중시한다는 점에서 영국, 미국 등의 자유주의 레짐과 다르다. 또한 독일 복지 국가는 정책의 초점을 공공 임대 주택의 보유 확대보다는 민간 임대 주택의 관리 강화에 둔다는 점에서 네덜란드, 스웨덴과 같은 북유럽 사회 민주주의 레짐과도 구별된다. 독일 임대 주택 시장의 행위자에는 다양한 형태의 주택조합, 교회, 공익적주택건설협회, 노동조합 같은 조직이 있다.[60] 이들은 민간 영역에 속하지만, 국가는 이들에게 각종 보조금을 지급해 사회 주택 공급을 조절한다. 따라서 주택 문제에서 독일 복지 국가의 레짐은 조합주의의 성격도 갖고 있다.[61]

통일 후 베를린시 정부가 동베를린의 공공 임대 주택을 위시해 공적 주체가 보유한 주택을 민간에 대량으로 매각한 이유는 무엇일까? 정책 결정권자들은 이렇게 해도 주택에 대한 소유 여부와 무관하게 임대 시장을 적절히 통제해 온 기존 시스템이 문제없이 계속 작동할 것이라고 믿었을 것이다. 임대료 통제 등에서 큰 어려움이 없을 것이라고 본 것이다. 이러한 믿음의 배경에는 독일에 고유한 사회 주택 제도가 있다.

사회 주택은 독일식 질서 자유주의가 표방하는 사회적

시장 경제를 주택 영역에 적용한 것이다. 사회적 시장 경제가 어디까지나 시장 경제를 중심에 놓고 사회적 공정 차원에서 이를 보완하듯이, 사회 주택의 건설도 기본적으로 시장에 맡겨져 있다. 국가는 대신에 주택 건설 시에 공적 보조금을 지급한다. 이 공적 지원을 받은 주택은 그 대부금이 상환될 때까지 혹은 보조금이 교부되는 기간인 구속 기간Bindungsfrist 동안 사회 주택의 역할을 한다. 구속 기간은 주법으로 규정되는데 대체로 20년에서 30년 사이로 정해져 있다. 구속 기간이 종료된 사회 주택은 일정 기간의 유예를 거쳐 통상의 민간 주택이 된다.

독일의 사회 주택은 영구적으로 국가가 소유하는 비상품화된 주택이 아니라 장기적으로 민간 주택으로의 전환을 염두에 두고 건설된 주택이다. 독일의 사회 주택은 사회 주택 건설에 이용된 공적 자금을 상환하거나 일정 기간이 경과하면 민간 주택으로 전환된다는 점에서 한번 사회 주택으로 지어지면 지속적으로 사회 주택으로 남게 되는 오스트리아 빈의 사회 주택과는 궤를 달리한다.[62] 베를린시장과 그의 참모들은 어차피 사회 주택은 구속 기간이 지나면 일정 기간의 유예를 거쳐 민간 주택이 되는 것이므로, 구속 기간이 지난 사회 주택을 시가 소유하나 개인이 소유하나 차이는 없다고 생각하면서, 민간 주택이어도 민법상 임대료 규제 및 계약 해지 보호가 작동하므로 소유를 이전하는 것은 큰 문제가 안 된다고 판단했을 것이다. 그러나 이는 순진한 생각이었다. 혹은 시가 소유한 주택을 매각하기 위한 '알리바이'에 불과했다.

2000년대 말의 세계적 금융 위기 이후 갈 곳 없는 유휴 자본은 금융 위기로부터 교훈을 얻어 더 적극적으로 부동산에 투자했다. 이들 투자자들의 목표는 오직 하나, 이윤의 극대화다. 앞서 보았듯이, 신축 주택이 아니어도 독일 민법상의 주택 임대차 규정에는 임대료를 올릴 수 있는 통로가 마련돼 있다. 현대화=대수선 조치다. 투자자들은 값싸게 매입한 시영 주택을 비싸게 리모델링해 임대료를 대폭 올렸다. 싹 고친 뒤 비싸게 만든 주택에 들어올 수 있는 이들은 최소한 중산층 이상이다. 그러나 이렇게 리모델링을 하려면 우선 기존의 가난한 세입자들을 내보내는 게 편리하다. 이를 위해 부동산 임대 기업들은 매입한 낡은 주택과 시설을 그대로 방치해(예컨대 고장 난 난방 시설을 수리하지 않음) 자연스럽게 이들을 기존 주택에서 내쫓는다. 반면 과거 사회 주택이었다가 구속 기간이 경과한 주택을 여전히 시나 게마인데가 소유하고 있는 경우, 사회 주택 거주 자격 기준을 충족하는 거주자의 비율은 민간의 그것에 비해 현저히 높다.[63] 이 통계만 봐도 공적 부문의 주택을 매각한 자들이 틀렸음이 증명된다. 주택을 소유하고 있는 주체가 공적 부문인가 시장 영역인가에 따라, 주거권에서 가장 중요한 요소 중 하나인 점유의 안정성 보장 수준이 유의미하게 달라짐을 확인할 수 있기 때문이다.

독일에 복덕방이 적은 이유

2010년 3월부터 5월까지 경향신문은 '어디 사세요? 주거의 사회학'이라는 주제로 19회에 걸쳐 기획 기사를 내보냈다.[64] 나도 예전에 이 기사들을 읽으며 소개된 독일 사례에 감탄했다. 역시 사회 국가 독일은 다르다고 생각했다. 그러나 10년도 더 지난 지금은 어떤가? 적어도 기사 중 베를린 부분은 다시 써야 할 판이다. 프리드리히스하인의 130제곱미터 아파트가 2010년에 월세 660유로였다면[65], 지금은 그 가격에 절대 임차할 수 없다. 임대료는 두 배 이상 올랐고 주택 임대 기업의 시세 차익은 네 배 이상 상승했다.[66] 세입자의 도시[67] 베를린에서 벌어지는 급격한 임대료 상승은 대다수 시민의 숨통을 죄고 있다. 특히 임대 주택 비중이 높고 월세도 비교적 저렴했던, 구동베를린 지역에서의 임대료 폭등은 억 소리가 나게 한다. 2017년에만 베를린의 월세는 평균 20.5퍼센트 상승했다.[68] 여기에, 주택 임대차 관계의 계속 및 해지에서 집주인인 부동산 기업의 힘이 점점 더 세지는 것도 간과할 수 없다.

　　독일 민법 제2편(채권 관계의 법) 제8장(개별적 채권 관계) 제5절(사용 임대차 계약·용익 임대차 계약) 제5항(사용 임대차 관계의 종료; 제568-제576b조)은 주택 임대차 관계를 어떻게 종료할 수 있는지에 대해 상세하게 규정하고 있다. 이 중 제573조는 임대인의 통상 해지를, 제575조와 제575a조는 '기간의 정함이 있는 주택 임대차 계약'과 그것의 해지를 각각 규정한다.[69] 후자를 정기定期 임대차 계약이라고 부른다. 정기임대차 계약은 합의된 기간의 만료와 함께 종료하는데 이러한 계약의 체결이 인정되는 요건은 매우 엄격하게 제한되므로, 독일에서 주택 임대차 관계는 원칙적으로 기한의 제한이 없다. 그래서 독일의 세입자들은 '우리처럼' 2년 혹은 4년마다 이사를 강요당하지 않는다. 자주 이사를 안 하니 독일의 부동산 중개 업무의 양상도 한국과는 다를 수밖에 없다. 독일에 처음 갔을 때 나는 거리에서 복덕방을 찾다가 결국 포기했던 기억이 있다.

독일의 입법자는 임대인이 주택 임대차 관계에 기간을 정하거나 그 관계를 해지하는 것을 제한함으로써 주택 임대차 계약에 대한 강력한 '존속 보호Bestandsschtuz'를 실행하고 있다. 기간의 정함이 없는 통상의 주택 임대차 계약에서는 이러한 존속 보호가 이중의 방식으로 실행되고 있다.

첫째, 임대인은 '정당한 이익'이 있을 때만 주택 임대차 계약을 해지할 수 있다(제573조 제1항 제1문). 이 정당한 이익의 대표적인 사유가 이른바 자기 필요Eigenbedarf다.[70] 임대인이 임차인에게 임대한 주택을 자신 또는 자기 가족 구성원 등의 사용을 위해 해지하는 경우가 이에 해당한다. 나아가 임대료를 올리기 위한 목적의 해지는 허용되지 않는다(동 법 제573조 제1항 제2문). 이러다 보니 독일에서 주택 임대차 관계는 수십 년이고 지속하는 경우가 허다하다.[71]

둘째, 임대인이 해지권을 행사하기 위해서는 그 해지가 임차인에게 가혹한 경우가 아니어야 한다. 제574조에 제1항은 다음과 같이 규정한다. "임대차 관계의 종료가 임차인, 그의 가족 또는 그의 세대의 다른 구성원에게 가혹한 것으로서 임대인의 정당한 이익을 형량하더라도 정당화되지 아니할 경우에는, 임차인은 해지에 대하여 이의를 제기하고 임대인에게 임대차 관계의 계속을 청구할 수" 있다(동 조 제1항). 여기에 더해, "적절한 대체 주거 공간이 기대 가능한 조건으로 마련될 수 없을 때"에는 해지가 임차인에게 가혹한 것이 되므로 해지는 제한된다."(동 조 제2항). 임대인의 정당한 이익이 있더라도, 그 해지가 임차인에게 가혹하면 임대차 관계를 계속 유지하게 하는 조항이다. 제573조와 제574조는 주택 임대차 관계를 규율하는 민법 조항 중에서도 독일 헌법상의 사회적 법치 국가 원리, 재산권의 사회적 의무(제14조)를 구체화한 사회적 임대차법 조항으로 이해되고 있다.

임차인의 법적 지위가 이렇게 강력해진 것은 하루아침

에 된 일은 아니다. 임차인 보호 조항만 해도 100년에 걸쳐, 임차인 보호법에 규정됐다가 민법전에 편입됐다가를 반복했는데, 입법자는 상황에 따라, 임차인의 지위를 강력하게 보호하거나 규제 완화를 통해 보호의 강도를 느슨하게 풀었다. 임차인을 임대인의 해약 고지로부터 보호하는 자기 필요 조항의 변천만 간략히 소개하면 대략 이러하다.

원래 1900년 1월 1일 발효한 독일 민법전에는 임차인을 계약 해지로부터 보호하는 조항이 없었다. 그러다가 1차 대전 이후 심각한 주택난에 직면하자 앞서 보았듯이 1923년에 민법전과는 별개로 임차인 보호법이 제정되기에 이른다. 동 법률은 부분적 수정을 거쳐 1965년까지 유지됐다. 그러나 이미 1960년의 '주택 통제 경제의 폐지와 사회적 임차법·주택법에 관한 법률(뤼케법)' 이래 임차인 보호 법제는 후퇴하기 시작했다. 즉, 이 개정 법률에 의해 임차인 보호법상의 자기 필요의 범위는 확대되고, 임차인의 개축 인용 의무가 도입됐다. 또한 임차인 보호법이 1966년 1월 1일 자로 폐지되고 같은 날 개정 민법이 발효하면서 임차인 보호는 더는 임차인 보호법이 아니라 민법이 규율하게 됐다. 이러한 이행 과정에서 임차인을 해지로부터 보호하는 법적 규제는 크게 약화했다. 특히 임대인은 계약을 해지할 때 더는 자기 필요를 이유로 제시할 필요도 없게 됐다. 이로 인해 사회적 약자인 임차인의 지위가 약화할 것임은 명백했다.

이에, 1969년 집권한 사회민주당-자유민주당 연립 정부는 1971년 이래 재차 임차인의 지위를 강화하는 법 개정에 착수하게 된다(1971년의 제1차 주택 사용 임대차 해지 보호법). 현재의 자기 필요 조항은 이렇게 해서 1974년(제2차 주택 사용 임대차 해지 보호법)에 다시 민법전에 들어와 지금까지 유지되고 있다.[72] 특히 1974년 법은 독일 주택 정책 역사에서 기념비적인 성격을 갖고 있다고 평가받는다.[73]

입법자만 노력한 것이 아니다. 민사 사건, 형사 사건의 최고 법원인 연방대법원BGH은 '자기 필요'를 매우 엄격하게 해석함으로써 임차인의 '계속 살 권리(존속 보장)'를 적극적으로 보호해 왔다. 연방헌법재판소는 1985년에 사회적 임대차 조항(특히 제573조)의 합헌성을 확인하는 최초의 기본 판례를 내놨지만,[74] 이미 이런 방향으로 선례들을 1970년대 중반 이후 축적해 오고 있었다. 나아가 동 재판소는 '임차인 재산권 판결'[75]에서 임차권을 임대권의 소유권(민법상의 소유권)과 동등한 헌법상의 재산권으로 판단했다. 임차인의 점유권을 재산권으로 파악하게 된다면 점유의 법적 안정성은 재산권 보장의 핵심 기능인 존속 보장에 의거해 방어할 수 있게 된다.[76]

그러나, 임차인을 보호하려는 국가 권력의 적극적 태도는 2000년대 이후 점차 후퇴하고 있다. 특히 법원의 보수화가 두드러진다. 세입자들의 집회에 나가 보면 이런 변화에 대한 비판이 꼭 나온다. 예컨대 우리나라의 '민주화를위한변호사모임(민변)'과 유사한 조직인 '공화주의변호사모임'[77]의 관계자는 이렇게 말한다. '임차인이 고통당하는 건 입법자 혼자 잘못해서 그런 게 아니다. 법원이 자기 필요 조항의 해석 등에서 임대인의 손을 들어줌으로써 임대 시장의 신자유주의화를 가속화하고 있는 탓도 크다.'[78]

　　물론 그 반대의 사례도 여전히 존재한다. 2019년 베를린 지방법원(민사, 2심)은 주택 임대차 계약의 해지와 관련해 노인은 특별한 보호를 받을 수 있다고 판시해 세입자 단체와 제 정당의 지지를 받았다.[79] 이 판결에 따르면 임차인들은 자신들의 나이가 고령이라는 이유만으로도 (다른 것을 고려할 것 없이) 곧바로 주택 임대차 관계의 계속 유지를 주장할 수 있는 권리가 있다. 앞에서도 간략히 설명했듯이, 임대인이 정당한 이익에 기초한 해지라고 하더라도, 임차인이 이로 인해 가혹한 상황에 처하게 된다면 임차인은 임대차 관계의 계속을 임대인에게 청구할 수 있다(독일 민법 제574조). 실무에서는 이 '가혹'과 관련하여 여러 형량 사유들을 판례로 축적해 왔는데, 고령도 그중 하나다. 재판부는 노인들이 갖는 (존엄을 구할) 가치 청구권 및 존중 청구권이 있다고 봤는데, 이들 권리는 헌법상의 인간의 존엄 조항과 사회 국가 조항에 근거를 두고 있다. 판결에 대한 상고는 허가되지 않았다. 재판부는 원칙적으로 그와 같은 가혹 사유가 인정될 수 있는 나이에 대해서는 정확히 밝히지 않았다. 다만, 해지 통지가 있었던 시점에 두 피고는 모두 80세 이상이었다. 그 정도 나이면 "종합적인 판단 기준에 따를 때 고령"에 해당한다고 봤다.[80]

임대인이라면 누구라도 지켜야 하는 '해약 고지 사유', 임차인이라면 누구라도 주장할 수 있는 '가혹 사유 항변'이라는 이중의 존속 보장이 위와 같은 구체적 사례에서 실무적으로도 관철된다면, 세입자는 자신의 주거권을 위한 싸움에 나설 힘과 용기를 얻을 수 있다. 독일의 법제에는 이러한 싸움을 지역과 마을 사람 모두의 투쟁으로 만들어 낼 수 있는 연결고리가 존재한다. 그것이 우리의 '국토의 계획 및 이용에 관한 법률(=도시계획법)'에 해당하는 건설법전Baugesetzbuch상의 '주민-지구地區 유지 구역(동 법 제172조) 및 선매권 제도'다.

건설법전 제172조는 '구역의 건축물 및 특성의 유지(유지 조례)'[81]라는 표제를 달고 있는데, 도시 계획적 관점에서 유지해야 할 건축물과 주민 구성 등에 대해 규율한다. 특히 주민 구성을 유지하기 위해 구역을 설정하는 식의 규제에 주목할 필요가 있다. 주민-지구 유지 구역은 다른 말로 '사회 유지 구역'이라고도 한다. 가난한 세입자들이 살던 임대 주택 집중 지역이 리모델링, 대수선 등으로 갑자기 중산층 자가 주택 단지로 바뀌는 것을 방지하고자 하는 공법적 개입 장치라고 보면 된다. 주거 건물이 상업 공간으로 탈바꿈하는 것도 차단하는 수단이다. 나아가, 주민-지구 유지 구역의 주택이 매매되는 과정에서 임대료가 폭등할 조짐이 보이면 게마인데가 그 매매에 개입해 해당 주택을 매입하고, 향후 이를 공영 주택으로 운영하는 조치를 취할 수 있다. 이를 건설법전상의 선매권이라고 한다(동 법 제24조-제28조).

당연히 이런 규제들은 집주인인 소유권자의 반발을 불러왔다. 이로 인한 갈등과 분쟁의 결론은 독일 연방행정법원의 판례에 축적돼 있다. 그런데 이 영역에서도 법원의 보수화가 관측되고 있다. 최근 사례로는 게마인데의 선매권 행사에 제동을 건 2021년 연방행정법원의 판례를 들 수 있다.[82] 동 법원은 선매권을 행사함으로써 부동산 금융 자본의 침탈로부터 주민을 지켜온 기존의 게마인데 정치에 새로운 빗장을 걸었다. 즉, 연방행정법원은 주택을 매입한 소유자가 향후 기존 세입자들을 축출하는 등, 주민-지구 유지 구역 제도의 취지에 반하는 행동을 할 것이 예상된다는 판단만으로는 선매권 행사가 불가능하다고 봤다. 이로써 게마인데의 선매권 행사는 더 어려워졌지만, 그렇다고 지역 정치가 여기서 중단되지는 않을 것이다. 법 조항과 그것에 대한 해석은 사회·경제적 대립과 (이데올로기) 투쟁을 반영한다. 독일에서 전개된 주택 임대차법과 도시계획법의 이론과 실무는 이를 잘 보여 준다. 이 분야에서 법원의 법 해석과 행정부의 법 집행, 나아가 국회의 입법 행위의 향방은 도시민의 투쟁이 얼마나 효과적으로 전개되느냐에 달려 있다.

2 사고 싶은 도시가 아닌
살고 싶은 도시

유혹하는 도시, 베를린

점점 더 많은 사람이 베를린을 사고 싶은 도시로 생각하게 됐지만, 아직 베를린은 살고 싶은 도시다. 저항하고 참여하면서 모든 이들이 도시를 함께 가꿔 나갈 수 있다면, 도시에 사는 그 누구도 도시 정치와 도시 복지에서 배제되지 않는다면 말이다. 어린이, 장애인 등 교통 약자, 청년, 이방인, 그 누구라도 각자가 도시에 대한 권리를 주장할 수 있다면 그 도시는 아직 살만한 곳이다.

베를린으로 연구년을 떠나기 전에, 왜 베를린인가, 하고 묻는 가족들을 설득하기 위해 나는 여러 이유를 말했다. 그중 하나가 베를린의 놀이터였다. 전래 놀이 전문가로 살다가 놀이터 운동가가 된 편해문은 독일의 놀이터 디자이너인 귄터 벨치히로부터 많은 영감과 조언을 받았다. 편해문은 순천시가 2015년부터 진행한 '기적의 놀이터' 조성 사업을 기획하고 총괄한 디자이너이기도 하다. 그런 그가 여러 번 독일을 방문하면서 둘러본 놀이터 중에 베를린 놀이터도 포함돼 있다. 편해문의 책에 소개된 베를린 놀이터에는 여러 특징이 있다. 첫째, 다양성이다. 우리나라처럼 미끄럼틀, 그네, 시소로 구성되는 3종 세트가 어디를 가나 똑같이 설치돼 있지 않다. 둘째, 아이들은 컴컴해질 때까지 그곳에서 논다. 셋째, 놀이터를 구성하는 재질 가운데 나무가 압도적으로 많다. 그것도 제재하지 않은 자연 그대로의 굽은 나무를 쓴 것이 적지 않다.[83] 편해문은 리스크risk와 위해danger를 구분한다. 유리 조각 같은 것이 널부러진 위해한dangerous 놀이터에서 아이들이 노는 것은 안 되지만 안전한 놀이터를 지향한다고 해서 한국의 놀이터처럼 도전하고 리스크를 감당하는 것조차 봉쇄해서는 안 된다고 말한다.

어린이의 성장을 배움의 과정으로 받아들이고 배움의 원형을 놀이라고 생각할 때, 성장을 지원하는 교육 장소는 학교를 넘어 도시 전체로 확대돼야 한다.[84] 그리고 이 중요한 사실을 베를린의 '아이들'은 도시에 대한 권리 주장을 통해 관철하려고 한다. 서베를린 지구의 가장 번화한 거리인 쿠담Ku'damm에는 놀이터보다 주차장이 더 많다. 이 현실에 불만을 품은 인근 초등학교 4, 5학년 아이들은 '거리를 놀이터로' 운동을 펼쳤다. 이는 도시에 대한 권리 주장의 아주 신선한 사례다.[85]

베를린은 아이에게만 놀기 좋은 곳이 아니다. 베를린은 박물관의 도시답게 18세 이하의 사람들에게, 국적을 불문하고, 모든 국공립 미술관과 박물관을 무료로 개방한다. 소득이 없거나 적다고 해서 문화적 권리의 향유에서 배제돼서는 안 된다는 생각이 이런 정책의 밑바닥에 깔려 있다. 우리 헌법도 모든 국민은 경제적 지위나 신체적 조건과 관계없이 문화적 권리를 차별 없이 향유할 수 있어야 한다는 문화 국가 원리를 천명하고 있다. 2013년 12월 30일 제정된 문화기본법은 이러한 헌법상의 요청을 구체화해 "모든 국민은 성별, 종교, 인종, 세대, 지역, 정치적 견해, 사회적 신분, 경제적 지위나 신체적 조건 등에 관계없이 문화 표현과 활동에서 차별을 받지 아니하고 자유롭게 문화를 창조하고 문화 활동에 참여하며 문화를 향유할 권리를 가진다."(제4조)고 규정하고 있다. 중요한 것은 실천이다.

베를린은 자전거 운전자의 도로 통행권을 보장하기 위해서도 많은 노력을 기울인다. 베를린시 의회는 2018년, 독일 연방 내에서는 최초로 '베를린 교통 수단법'을 제정했다. 자전거 운전자에게 안전한 도로를 보장하고, 대중교통 체계를 획기적으로 개선하며, 자가용 의존도를 낮춰 기후 변화에 대응하는 교통 시스템을 구축하는 것이 이 법률의 골자다.

이런 시스템 덕에 자전거나 대중교통을 이용해 조금만 외곽으로 가면 소똥 냄새가 나는 농장을 여기저기서 만날 수 있는 점도 베를린의 매력이다. 그중 하나가 베를린자유대학교 입구 쪽에 위치한 농장인 도메네 달렘Domäne Darlem이다. 도메네는 원래 기사령, 왕령지라는 뜻인데, 오늘날의 의미로는 공유지에 해당한다. 1871년에 독일 제국의 수도가 되기 전 베를린은 작은 마을이었다. 19세기 당시의 지도를 보면 지금의 중심지인 미테 지구를 성곽이 둘러싸고 있고 주변은 광활

한 목초지와 밭이었다. 그 목초지 사이에 드문드문 조그마한 마을이 보이는 정도였다. 그런 도시가 제국의 수도가 되면서 급격하게 팽창한다. 다만 서울처럼 중심에서 외곽으로 확장해 가는 방식이 아닌, 여러 마을이 합쳐져서 대도시 베를린이 되는 양상이었다. 도메네 달렘도 이런 과정에서 베를린에 포섭된 목초지 중 하나다. 그런데 이것이 지금까지 옛 모습 그대로 살아남은 것이다. 베를린 전체 면적 중 녹지는 40퍼센트가 넘는다. 이 수치는 오랫동안 유지되고 있다.

베를린은 테크노 음악의 발상지답게 클럽 파티 문화가 발달했다. 베를린의 하위문화와 관련하여 소개할 시설이 하나 있다. 약칭 '에르아베RAW'라 불리는 곳인데, 150년의 역사를 가진 제국 철도 정비창 부지다. 이곳은 명칭에서 알 수 있듯이 이미 바이마르 공화국 시절부터 철도 시설이었고, 구동독 시절에도 같은 시설로 사용됐다. 바닥에는 아직 철길이 깔려 있다. 젊은 예술가와 활동가들은 통일 이후 버려지다시피한 이 땅을 점거한 뒤 클럽 파티장을 포함한 대안 공간을 만들었다. 그들은 도시의 공터는 개발을 위해 남겨진 땅이 아닌, 도시민의 자유로운 만남과 마주침의 장소가 돼야 한다고 주장한다. 다만, 통일 이후 타헬레스Kunsthaus Tacheles를 비롯한 동베를린 지역 대부분의 점거 공간들의 운명이 그러했듯 이곳도 지금은 국제적인 부동산 기업의 소유로 넘어가 있다.

사실, 오늘날 모든 매력적인 공간들은 자본에 의해 소유·관리되면서, 전 세계로부터 관광객을 끌어온다. 집합적 상징 자본은 오버 투어리즘을 낳고, 이것은 다시 도시의 사회적 구조를 망가뜨린다. 도시의 사회적 구조라는 건 뭘까? 포르투갈의 리스본(리스보아)에는 관광객이라면 누구나 한 번씩은 타보는 산타 주스타 엘리베이터라는 게 있다. 관광객들은 엘리베이터를 타고 언덕 위로 올라가 도시를 조망한다. 이 엘리베이터는 원래 20세기 초에 지어진 윗동네 주민들을 위한 공공시설이었는데, 관광객들이 몰리면서 이제는 최소한 30분을 기다리지 않으면 탈 수 없을 정도로 인기 있는 관광 시설로 변했다. 관광객으로 인해 옆집에 놀러 가거나 일하러 가는 주민들의 일상은 현저히 불편해졌다. 또한 주민들은 더 복잡한 지하철과 노면 전차에 시달려야 한다. 관광객에게 내어 준 임대 아파트로 인해 현지 주민이 살 집은 점점 줄어들고 그에 따라 주거비가 상승한다. 유럽의 서쪽 끝 리스본은 두 번의 세계 대전도 피해 간, 1755년의 대지진 이후 새롭게 건설돼 오랫동안 그 모습을 유지해 온 낡은 도시다. 1930년대에 다니던 노면 전차가 지금도 땡땡거리며 골목을 달리고, 여기저기 무너져 가는 집들이 즐비한 곳이다. 인구 50만 명의 이 도시에서 주민들은 자기네 방식대로 살아왔다. 그러나 이제는 한 해에 600만 명에 달하는 관광객이 찾아와 주민들의 삶을 위협한다. 반면, 관광객의 도움으로 도시 재정이 확충되고 대형 건설 프로젝트가 성사된다. 이것을 축복이라고 생각하는 사람도 있을 것이고 리스본의 매력으로 인한 저주라고 여기는 이들도 있을 것이다.

도시의 매력, 저주인가 축복인가?

"저주인가 아니면 축복인가?" 분명한 것은 도시 정치와 도시법이 작동하지 않으면, 관광객을 불러 모으는 장소의 특별한 탁월성은 결코 축복이 될 수 없다는 사실이다. 살고 싶은 도시는 순식간에 자본이 사고 싶은 도시로 변해 버린다. '에어비앤비'를 규제하지 않아 주민들이 살아야 할 공간을 초단기 임차인인 관광객이 들어가 사는 일이 일상이 될 때 원주민에게 이것은 저주가 된다. 몰려오는 관광객 앞에서 입을 다물지 못하는 자본의 탐욕에 아무런 법적·제도적 족쇄를 채우지 못하면 이것은 매력적인 도시의 비극이 될 수밖에 없다. 실효성 논란에도 불구하고 베를린을 위시해 유럽의 여러 도시가 에어비앤비를 규제하는 법률[86]을 서둘러 마련한 것은 매력적인 도시들이 직면한 비극을 막기 위해서다. 2023년에는 피렌체가 이 대열에 합류했다.

도시를 점점 더 상업적인 공간으로 만들고 싶어 하는 욕구들에 대해 일정한 제어 장치를 두는 것도 같은 맥락이다.

현재 베를린에는 12개의 자치구, 80개의 마을이 존재한다. 이 마을 안에 거의 70개 대형 쇼핑몰이 들어서 있다.[87] 여기에 추가로 새로운 쇼핑몰을 건설하려고 해도, 그 계획은 반드시 이 기존의 마을 안에서만 실현될 수 있다. 대형 쇼핑몰을 도시 외곽에 마구 설립한다면 주민들(특히 노인들)이 걸어서 편리하게 다닐 수 있는 마을 상권이 붕괴할 수 있기 때문이다. 독일, 특히 베를린의 쇼핑몰 규제의 핵심 철학은 기존에 형성된 마을과 상권에 새로운 쇼핑몰이 녹아 들어가게 만드는 것이다. 한편, 새로운 쇼핑몰 건설 계획이 세워지거나 입안에 들어가면 베를린상공회의소는 관과 투자자 사이에서 일종의 조정자 역할을 담당한다.[88] 이런 제도적 장치들이 작동하는 한, 베를린은 여전히 살고 싶은 도시로 남을 것이다.

　　독일의 공공서비스노조가 폐점법의 적용을 둘러싸고 베를린시 정부와 벌인 소송에서 부분적으로 승리한 사례도 있었다. 독일은 원래 상점의 폐점 시간을 엄격히 규제하는 법제를 운용해 오다가 신자유주의 추세 속에서 이를 계속 완화해 왔다. 독일은 연방 국가여서 상업과 소매업에 대한 규제와 관리는 주의 권한으로 규정돼 있다. 따라서 연방 정부에서 할 수 있는 일, 혹은 하는 일은 많지 않다. 연방은 폐점법만으로 소규모 소매업 보호는 충분한 것으로 보고 있다. 연방법인 폐점법에 의해 1996년까지는 평일 영업시간(오전 7시부터 오후

6시 30분까지), 토요일 영업시간(오후 2시까지)이 정해져 있었고 일요일과 공휴일에는 영업이 금지돼 있었다. 동 법 개정에 의해 1996년 11월 이후 평일에는 오전 6시부터 오후 8시까지, 토요일에는 오후 4시까지 영업이 가능해졌다. 나아가 2006년의 동 법 개정으로 거의 모든 주에서 평일 24시간 영업이 일부 인정됐다.

이러한 규제 완화에도 불구하고 일요일 개점 금지는 비교적 엄격하게 준수돼 왔다.[89] 그러나 여기에도 예외가 있다. 각 주마다 조금씩 다르지만 — 예컨대 보수적인 바이에른은 상대적으로 철저하게 일요일 개점 금지를 유지한다.[90] — 일요일에도 특별한 사유가 있으면 상점 문을 열 수 있는데, 주 정부의 주무 부서인 노동부는 매해 일요일 개점일을 행정 처분(일반 처분)으로 지정한다. 예컨대 '베를린 영업 시간법' 제6조 제1항에 따르면 베를린에서는 예외적으로 1년에 여덟 번까지 일요일 개점이 허용된다. 올해는 베를린에 이런저런 대규모 행사가 있으니 몇 월 며칠은 일요일이라도 개점해도 된다는 식으로 결정하는 것인데, 대개 크리스마스나 부활절을 낀 일요일은 개점이 허가된다. 일요일 및 휴일에 관한 규정(노동 시간법 제9조)이 원래 안식일이라는 종교적 의미를 갖기에 이 정도의 예외는 인정할 수 있다. 그러나 원래의 취지를 넘어 일요일 개장이 서서히 확대된다면 참된 안식은 없다. 이렇게 될 것을 우려한 공공서비스노조는 대규모 행사가 있다고 해서 베를린 전역에 일요일 개점을 허가하는 것은 폐점법의 취지에 반한다고 주장했고 베를린 행정법원은 이러한 위법 주장을 받아들였다.[91] 노동조합이 시민 사회 운동과 결합해 도시에 대한 권리를 방어하는 이런 모습은 매우 고무적이다.

적어도 런던과 같은 대도시와 비교한다면 베를린은 '아직은' 희망이 있는 도시라는 생각이 들기도 한다. 런던의 광장은 사유화되고 공원은 점차 아무나 못 들어가는 빗장 공동체gated community로 변하고 있다. 특히 비즈니스 촉진 지구BID라는, 공사公私 협력 모델은 도시를 자본의 놀이터로 만들었다. 누가? '집도, 광장도, 공원도 냉동된 오렌지 주스와 마찬가지로 전형적인 재화에 불과'하다고 주장하며, 정치적·경제적 구조와 틀을 만드는 신자유주의 계급 국가, 주택을 주식 시장에서 거래하려고 하는 (국제적) 투자자들이 그렇게 했다.[92] 그 과정에서 노동조합과 사회 운동 세력은 이렇다 할 저항을 하지 못했다. 마거릿 대처는 일찍이 런던 중심부의 공공 주택을 사유화했다. 오늘날의 런던은 이러한 정책의 그 장기적 결과로 볼 수 있다. 영국의 극심한 젠트리피케이션은 2011년 런던 '폭동'의 원인이 되기도 했다. 데이비드 하비는 거리의 '폭도'들만이 아니라, 가난한 사람, 약자, 법적으로 보호받지 못하는 자들을 야만적으로 약탈하는 야만적인 자본주의도 이

사태에 대한 법적 책임을 져야 한다고 말한다.[93]

　　양극화 사회는 지니 계수, 빈곤율, 실업률, 비정규직 비율과 같은 추상적인 지표로만 표현되지 않는다. 현실에서 양극화를 포함한 모든 사회 현상은 공간 안에서 일어나고, 공간 속에서 표현될 수밖에 없다.[94] 여기서 우리 눈앞에 등장하는 것은 그 내부에 계급 간의 격차, 양극화를 껴안고 계급 구조를 공간적으로 표현하는 계급 도시라 불러야 할 도시의 모습이다. 계급 도시가 되면 도시의 경관은 크게 바뀐다. 주민은 교체되고 지역의 계급 구조도 변화한다. 베를린에서도 이러한 계급 도시화가 급격히 진행되고 있다. 그러나 다행인 것은 여전히 이에 대한 저항이 만만치 않다는 사실이다. 점점 상황이 어려워지고 있는 베를린 주택 시장에서 사회적 약자들의 지위는 더더욱 열악해지고 있지만, 그래도 이에 대한 저항이 조직화한다면 사태의 급격한 악화는 막을 수 있을 것이다.

탈상품화와 공물로서의 도시

사회의 부 vs 상품

베를린은 가난하지만 더불어 사는 문화가 존재하는 곳, "자유로운 인간들의 공동체"에서 매력적인 주택 시장으로 변하고 있다. 매매든 임대든 비정규의 노동자 계급, 가난한 연금 수급

자, 미혼모나 한 부모 가정이 베를린에서 주거 공간(거하여 사는 공간)을 얻는 일은 점점 더 어려워진다. 그들만이 아니다. 주거 비용은 이제 중산층도 감당하기 힘든 수준에 도달해, 베를린에 사는 거의 모든 사람의 문제가 되고 있다.[95]

왜 이렇게 됐을까? 무엇보다 우리는 '사회의 부'로서의 도시와 주거 공간이 점점 더 상품, 그것도 금융 상품과 결합한 부동산 상품으로 전환되는 현상에 주목해야 한다. 프랑스 68 운동 당시 대표적인 좌파 사회학자였던 앙리 르페브르는 이를 사용 가치, 작품으로서의 도시 혹은 주거지가 교환 가치, 상품으로서의 도시 혹은 투자 대상으로 전환되는 것이라고 표현했다. 나는 주거 공간을 주택과 주택 주변의 주거 환경을 모두 포괄하는 개념으로 이해한다. 예컨대 대학생들이 밀집해 사는 곳이면 대학가만의 힙한 주거 환경이 존재한다. 주거 환경을 만드는 것은 건축물만이 아니다. 오히려 더 중요한 요소는 그곳에 오랫동안 살아온 사람들과 그들의 활동이다. 그러므로 이런 주거 공간을 보호하는 것은 매우 중요하다. 독일 건설법전이 주민-지구 유지 구역 지정 등을 통해 특정 구역의 공간과 주민을 보호하려는 것도 도시와 주거 공간을 단순히 상품으로 보지 않기 때문이다. 그런데 이런 제도적 장치에도 불구하고 도시와 주거 공간의 상품화는 멈추지 않는다.

도시와 주거 공간이 상품화된다는 건 무슨 말인가? 마

르크스의 표현을 빌리면 이것은 사회적 부가 상품으로 바뀐다는 것을 의미한다. 마르크스는 《자본론》의 첫 문장에서 다음과 같이 말한다.

> "자본주의적 생산 방식이 지배하는 사회의 부는 하나의 '거대한 상품 더미'로 나타난다. 이 상품 더미를 구성하는 각각의 상품은 이러한 부의 기본 형태로 나타난다. 따라서 우리의 연구는 상품에 대한 분석으로 시작한다."[96]

《자본론》의 분석은 상품에서 시작하지만 《자본론》그 자체는 '부'에서 시작한다. 자본론 첫 문장의 주어가 부der Reichtum, "사회의 부"다. 사회의 부란 무엇일까? 푸른 숲, 누구나 언제든 가서 쉴 수 있는 공원, 지역 도서관이 사회의 부다. 지식과 문화, 예술, 커뮤니케이션 능력, 수공업자의 기술도 마찬가지다. 언제나 화폐로 계측되는 것은 아니지만 한 사람이 풍요롭게 살아가는 데 필요한 것이 풍부하게 있는 상태, 이것이 사회(들)의 부다.[97] 마르크스는 이러한 부가 자본주의 사회에서는 잇따라 상품으로 모습을 변환해 간다고 말하고 있다.[98] 도시 공원을 아파트 단지로 만들면 우리는 더는 그곳에서 쉴 수 없다. 공원이 일부의 사람만 누릴 수 있는 상품으로 바뀌었기 때문이다. 누군가가 수원지를 매입하여 개발한 뒤 그곳에서 솟는 물을 병에 넣어 상품화한다면 우리는 더는 그 물을 공짜로 마실 수 없다. 이런 것을 마르크스는 사회의 부가 자본주의적 상품으로 바뀌는 과정으로 파악했다.[99] 마르크스는 이런 자본주의적 프로세스를 원래의 사회의 부로 되돌려야 한다는 인식하에 《자본론》에서 그 방법을 제시하려고 했다.

이것은 경제학자 칼 폴라니가 노동, 토지, 화폐는 상품이 아니라고 한 것과 같은 맥락이다. 폴라니는 다음과 같이 말한다. 매매되는 것들은 모두 판매를 위해 생산된 것일 수밖에 없다는 공준公準을 이 셋에는 결코 적용할 수 없다. 노동, 토지, 화폐를 상품으로 보는 것은 완전히 허구, 의제, 픽션일 뿐이다. 그는 노동, 토지, 화폐조차도 상품으로 의제화해 시장에서 매매되도록 하고, 이들 시장에 대해서도 고스란히 시장 메커니즘을 적용한다면, 그럼으로써 그것이 인간과 그 자연환경의 운명을 좌우하는 유일한 지배자가 되게 방치한다면 사회는 파멸하고 만다고 일갈한다.[100] 이러한 사태에서 벗어나려면 노동, 토지, 화폐라는 의제 상품, 그중에서도 특히 토지, 주택, 나아가 도시를 어떻게 탈상품화할 것인가의 논의를 시작해야 한다.

도시는 공물이다

왜냐하면 도시는 공물公物이기 때문이다.[101] 도시에 거하며 살아가는 사람들이 함께 만들고 가꿔 온 도시공원, 자유로운 그라피티가 넘쳐나는 거리, 누구에게나 열린 광장도 공물이지만, 그것의 집합체인 도시 그 자체도 하나의 공물이다. 도시국가 로마를 표현하는 말이 '레스 푸블리카res publica'다. 이 말은 공화국republic의 어원이 되지만, 의미상으로는 '공적인 것=공물', '민중의 것'이라는 뜻이다. 레스 푸블리카(공적인 것)는 레스 포폴리res populi, 민중의 것이다. 레스 푸블리카는 기본적으로 제도 전체를 가리키며, 모든 사람의 이익을 추구하는 제도를 유지하는 모레스mores, 도덕과 사회적 관행을 향한다. 그렇기 때문에 레스 푸블리카는 레스 포폴리, 즉 민중의 국가다. 민중이 공화정을 소유하지 않는다면 공화정은 없다.[102]

물론 이것은 이미 오래전 이야기다. 미국의 3대 대통령 토머스 제퍼슨은 만년에 미국 독립 혁명 초기를 돌아보면서 "우리는 군주제가 아닌 것은 모두 공화제적인 것이라고 생각했다"고 술회했다. 영국 혁명과 프랑스 혁명 시기에도 공화주의라는 말은 제퍼슨이 말하고자 했던, 여러 다양한 정치적 입장을 지칭했다. 그러나 점차 다른 정의는 도태되고 근대 공화주의를 특정하는 정의라고 부를 만한 것이 생겨났다. 그것이 바로 소유권의 지배와 사적 소유권의 불가침성에 기초한 공화국이다. 이러한 특징을 가진 공화국은 재산이 없는 자를 배제하거나 종속적 존재로 만든다. 이로써 민중의 것으로서의 공화국의 이념은 퇴색한다. 3대 부르주아 혁명에서부터 오늘날에 이르기까지, 모든 공화국은 소유 재산의 공화국이다. 이런 현실에서 도시는 공물이라고 주장하는 것은 시대착오적인 것처럼 보인다. 그러나 소유 재산의 공화국이라는 것 자체가 역사적 산물이라는 점, 공화국 개념과 소유권의 지배 사이에는 그 어떤 필연적, 혹은 본질적인 연결 고리가 없는 점을 고려한다면, 소유권에 기초하지 않는 공화주의의 정의를 부활시킨다든가 공화주의, 공화제, 공화국에 관한 새로운 개념을 만들어 내는 것은 '얼마든지' 가능하다는 사실을 분명히 해둘 필요가 있다.[103]

공물이라는 것은 다음과 같은 특징을 가진다. 그 소유권자가 누구든, 그가 가진 것이 공물인 이상, 그것에 대한 관리는 공물 관리가 되고, 그것의 사용은 공물 사용 관계가 된다. '사유私有 공물'이라든가 '타유他有공물'이라는 법 개념이 보여 주는 바와 같이, 공물은 원리적으로 그 물의 사법적 권리/권원權原이 누구에게 있는가를 따질 것도 없이 공물로 존재할 수 있다.[104] 또한 공물의 사용은 그 원칙이 자유 사용(보편적 사용)이므로, 도시가 공물인 한 누구든지 도시로부터 배제되지 않아야 한다.

고대 그리스 시대 이래 실현되지 못했던 약속인 "온갖 개성들의 무한한 다양성 속에서 완전히 만개한 개성"과 "자유 사회의 자유로운 개인"의 터전으로서의 도시를 실현하기 위해, 도시는 공물로서의 본성을 잃지 말아야 한다.[105] 그런데, 이렇게 말하면 주류 (법)학계는 당장에 개릿 하딘Garrett Hardin의 "공유지의 비극"을 들고 와, 비극으로서의 공유지 파괴를 지적하며 현실성 없는 주장이라고 반박할지도 모르겠다.[106] 그러나 누가 현실을 직시했는가? 경제학자 월은 이런 말을 했다. "하딘은 자본주의의 눈가리개를 쓰고 세계를 바라봤다. 그 결과 하딘은 눈앞에 진실이 있었는데도 공동체가 관리하는, 비극이 아닌 공유지를 인식할 수 없었다."[107] 도시민 전체의 노력으로 형성된 도시와 도시의 자원을 사적 소유권자 및 지대 추구자가 독식함으로써 공물이 파괴되는 것, 이것을 공유지의 '비극'이라고 한다면,[108] 이것은 아리스토텔레스가 말한 바 있는 그런 의미에서의 비극, 즉 "필연적이지만 계획되지 않은 인간 행동의 결과로 나타나는 극적인 결과", 이기적이고 바뀔 수 없는 인간 본성의 결과가 아니라, 도시를 소유의 독재에 넘겨 준 법과 제도의 설계에서 유래하는 비극일 뿐이다.[109]

그래서 공물의 자유 사용의 급진적인 의미를 도시의 영역에서 주장하는 것은 신자유주의 도시 정책에 저항하는 일이다. "물, 대기, 일조, 그리고 토지 또는 도시 공간 등의 환경 자원을 일종의 공물처럼 파악하게 되면 일반 주민의 환경 이용을 공물의 일반 사용에, 그리고 사업자의 기업 활동 등에 수반하는 막대한 환경 이용을 공물의 특허 사용에 비유해 볼 수 있고, 이로써 전자가 요구하는 환경 이익(환경권)의 보호와 후자에 대한 특별한 규제와 부담의 필연성을 정당화하는 것이 가능하다. 또한, 환경 관리자로서의 행정, 특히 지방 자치 단체의 환경 관리 권한을 근거 짓는 것도 훨씬 더 쉬워진다."[110]

반면, 도시공원과 거리와 광장, 그리고 공공 주택으로 상징되는 사회의 부가 상품으로 변하면 즉, 국가의 복지적, 사회적 기능에 의해 어느 정도로 보장돼 온 커먼즈commons에 대한 대규모 인클로저가 일어나면 도시라는 공물 혹은 '사회적 자본'[111]에 의해 살아가던 노동자, 노점상, 이주민, 소수자 등은 공물의 자유로운 사용에서 배제된다. 이 공물과 사회적 자본을 대체하고 있는 것은 계급주의, 장애인 차별주의, 인종주의를 기반으로 삼는 차별과 축출이다.

사회의 부가 상품으로 변환되는 과정은 자연스럽게, 혹은 시장 질서에 따라 정연하게 일어나지 않는다. 데이비드 하비는 오히려 '강탈에 의한 축적accumulation by dispossession'을 말한다. 이것은 토지 수용권의 발동, 공공 자산에 대한 전반적인 약탈의 방식으로 일어나는 변환 과정이다.[112] 세계 전역의 수많은 도시 지역에서 대기업이 재개발을 명목으로 큰 규모의 땅을 거의 공짜로 손에 넣는, 역사상 최대 규모의 토지 수용이 이뤄지고 있다. 과거에는 공적인 수탈 행위가 국가 권력이 직접 행하는 공익사업이라는 외형을 띠고 실행됐다. 그러나 이제 토지 수용권이라는 단어는 공적 부문이 토지를 장악한 다음, 상위 계층이 이를 사적으로 재소유할 수 있게끔 할인된 가격으로 분배하는 것을 말한다.[113] 이른바 사인을 위한 혹은 사인에 의한 토지 수용이다.

예컨대 재건축조합은 재건축 정비 사업을 반대하는 소유자의 권리를 강제로 박탈하기 위해 매도 청구를 활용할 수 있다(도시 및 주거 환경 정비법 제64조 참조). 재개발조합, 재건축조합과 같은 사적 주체는 도시 및 주거 환경 정비 사업 실시라는 공적 권한을 부여받고 유사 공적 주체가 된다. 삼성과 같은 대기업은 산업 단지의 조성을 위해 '산업 단지 지정 승인 요청서'만 제출하면 자신이 원하는 땅을 쉽게 취득할 수 있다. 헌법재판소는 이런 것도 합헌이라고 했다. 이리하여 사적인 경제적 권력은 합법화된 공적 보조를 통해 효과적으로 돈을 벌어들인다.

도시에 대한 권리

공물로서의 도시를 주장하려면 위와 같은 강탈과 축적에 저항하는 일부터 시작해야 한다. 예컨대 가난한 자들의 주거권을 박탈하고, 사적 토지는 헐값에 매입하고 공적 재산은 자의적으로 그 용도를 변경하는 금융과 기업과 국가에 맞서, 공물로서의 도시를 되찾기 위한 '대항 점유adverse possession' 운동을 전개하는 일을 들 수 있다. 그러려면 먼저 "전통적인 도시에서 축출되고, 현재의 도시 생활 혹은 미래에 누릴 수 있었던 도시 생활을 탈취당한, 분리의 희생자가 된 노동자 계급"[114] 등의 도시민에게 과연 어떤 힘이 남아 있는지 질문해야 한다. 자본이 형성하고 독점하는 자유와 소유 질서에 저항하면서, "도시를 완전히 다른 모습의 정치체로 재건설하고 재창조하는 권리"[115] 같은 것을 말할 수 있는가? 혹은 커먼즈를 주장하거나 도시민 공동체가 공물로서의 도시를 공동으로 사용·수익할 수 있게 하는 총유의 논리를 도시에 적용하는 것은 가능한가?[116] 공물로서의 도시를 주장하는 이라면 바로 이러한 질문을 던지고 그것에 답해야 한다. 이하에서는 위 세 가지 담론, 즉 커먼즈, 총유, 도시에 대한 권리 담론 중 도시에 대한 권리를 중심으로 논의를 전개했다.

　　나는 살던 곳으로부터의 축출과 그에 대한 저항이라는 주제를 독일에서의 운동과 실천에 초점을 맞춰 살펴보는 경우, 또한 한국의 실정과 연결하는 경우, 커먼즈론보다는 도시에 대한 권리 담론이 더욱더 적절한 접근법이라고 생각한다. 도시에 대한 권리 담론은 공물로서의 도시에서 배제되는 소수자들의 개별적 권리 주장은 물론이고, '우리들의 도시'를 만들어 나가는 집합적인 권리 주장의 뒷배가 돼준다. 물론 더 중요한 건 실천이다. 즉, 어느 이론으로 접근하든 도시라는 공물을 공동체의 자산으로서 공유(총유)하고 공통적으로 관리(커먼즈)하며, 도시민의 권리를 주장·관철하는 것은 도시민의 실천에 달려 있다. 그렇다고 아무 이론이나 갖다 쓸 수는 없다. 따라서 이하에서는 필자가 베를린의 도시민 투쟁을 설명하는 도구로 '도시에 대한 권리' 담론을 선택한 이유를 간략히 부연하고 싶다.

사회 민주주의적 가치를 반영한 바이마르 헌법의 재산권 조항을 계승한 독일 기본법(헌법) 제14조와 한국 헌법 제23조는 도시민의 권리를 헌법상의 권리로 고양할 수 있는 규범적 근거를 제공한다. 나는 독일 헌법과 한국 헌법하에서라면 재산권의 (사회) 민주주의적 해석을 매개로 도시에 대한 권리를 규범적으로 정초定礎하는 것도 가능하다고 본다. 바이마르 헌법 제153조는 다음과 같이 규정했다.

1항. 재산권은 헌법에 의해 보장된다. 그 내용과 한계는 법률이 정한다.

2항. 수용(Enteignung)은 공공 복리, 그리고 법률에 근거해서만 행해질 수 있다. 제국 법률에 다른 규정이 없는 한 수용에 대해서는 상당한 보상을 한다. 보상액 때문에 분쟁이 생길 때

에는, 제국 법률에서 달리 규정하지 않는 한 정규 법원에 제소
할 수 있다. (…)

3항. 재산권은 의무를 수반한다. 재산권의 사용은 동시에 공
공복리에 이바지해야 한다.

1차 세계 대전 이전 주거는 통제를 거의 받지 않는 민간
분야에 속했다. 당시 주택 소유자들은 이윤 극대화 외에 어떤
의무를 질 수 있다는 관념을 갖지 않았다. 따라서 그들은 임차
인의 주거 조건을 개선할 수 있는 그 어떤 법적 규제도 반대
했다.[117] 그러던 그들에게 바이마르 헌법은 재산권의 사회적
의무를 강제했다. 여기에 더해 생산 수단의 유상有償 사회화
조항(제156조)도 헌법에 포함했다. 이들 조항은 현행 독일 기
본법에도 계승됐다.

재산권의 사회적 의무성, 공공성을 강조하는 독일과 한
국 헌법은 재산권의 급진적 해석(예컨대 앞서도 언급한 임차권
을 헌법상의 재산권으로 보아 임차권의 존속 보호를 강화한 독일 연
방헌법재판소의 결정)을 통해 도시에 대한 권리 담론을 적극적
으로 전개할 수 있는 규범적 토대를 제공한다. 쉬운 예를 하나
들어 보자. 동네가 뜨면 주민은 쫓겨나는, 이른바 '뜨는 동네
의 역설'이라는 게 있다. 이를 방지하려면 금융과 결탁한 투기
자본이 뜨는 동네를 손쉽게 만들어 내는 '마법' 같은 일을 법

적으로 규제해야 한다. 앞에서도 본 독일 건설법전상의 주민-지구 유지 구역 같은 제도, 혹은 주택의 목적 외 사용 금지, 즉 전용 금지 제도가 존재한다면 순식간에 한 동네나 거리가 떴다가 지는 식의 움직임은 어느 정도 막을 수 있을 것이다.

독일의 주택 전용 금지 법제에 따르면 주택을 '지속적 거주' 이외의 목적으로 전용하고자 하는 자는 허가권자의 허가를 받아야 한다. 이때 허가는 '예외적 허가'에 해당한다.[118] 예외적 허가이므로, 전용 허가는 개발 제한 구역 내의 용도 변경 허가(대법원 2001. 2. 9 선고 95두17593판결)처럼 아주 예외적인 경우에만 발령될 수 있다. 이런 수단이 효과를 발휘하면 주민의 주거권뿐 아니라, 멀쩡히 장사하다가 갑자기 동네가 뜨는 바람에 급등한 상가 임대료를 부담해야 하거나 쫓겨날 위기에 처한 기존 상인들의 권리도 어느 정도는 지켜 낼 수 있다. 한국에는 이런 도시계획법적, 주택법적 수단이 없고 이른바 건축경찰법적 관점의 용도 변경 절차만 존재하기 때문에 어제까지 '집'이었던 곳이 오늘은 '가게'가 되는 일이 쉽게 일어난다.

문제는 이런 제도에 대한 소유권자들의 반발이다. 독일에서도 주택의 전용을 금지하는 것이 토지=주택 소유자의 처분권을 부당하게 제한하는 것이어서 기본법 제14조의 소유권 보장에 반한다는 견해가 주장됐다. 주택 전용 금지의 법제화는 이미 1차 세계 대전 시기로 거슬러 올라가지만,[119] 현행 법의 기초가 되는 것은 1971년의 '임대차법 개선법' 제6장이었다.[120] 당연히 이 법의 위헌 여부가 다퉈졌고 독일 연방헌법 재판소는 1975년 결정에서 동 조항을 합헌으로 판단했다. 동 재판소의 논리 구성은 다음과 같았다.

① 전용 금지는 주택=토지 소유자의 자유로운 처분권에 대한 제한이다. 그러나 ② 소유권의 객체인 주택=토지는 다른 사회 구성원의 생활의 기반으로서 사회적 성격을 갖고 있다. 그리고 ③ 주택의 공급이 현저하게 불충분하고, 기존 주택의 유지가 국민의 주거 보장을 위해 필요 불가결한 조치인 때에는 주택의 사회적 성격은 강화되고, 소유권의 사회적 의무성이 소유자 권리의 제한을 정당화한다. 따라서 전용 금지는 기본법의 소유권 보장에 위반하지 않는다.[121]

주택의 전용 금지법은 오늘날에는 초단기 임대차인 에어비앤비 규제의 법적 근거가 되기도 한다. 이런 법적 규제를 획득하기 위해, 그리고 그것의 실효성을 확보하기 위해 싸우는 것은 공물로서의 도시를 지키는 데 아주 유용하다. 독일 기본법은 동 법 15조에 생산 수단의 사회화 조항도 두고 있다. 물론 이 규범의 실질을 현실의 헌법 해석 투쟁에서 관철해 낼 수 있는가는 별개의 문제다.

물론, 이런 법제의 쟁취 혹은 실효성 확보를 위해 싸우는 것이 도시에 대한 권리 투쟁의 본질은 아니다. 또한 후술하듯 도시에 대한 권리를 주장하는 세력과 맥락은 서구 자본주의 국가와 글로벌 사우스에서 각각 다르게 나타난다. 권리 개념 자체도 모호해서, 도시에 대한 권리를 주장할 때는 그것이 어떤 의미와 맥락을 갖는지를 분명히 할 필요가 있다. 다만, 이런 권리를 위한 투쟁 과정에서 도시란 무엇이고, 도시에서 거주한다는 것의 의미는 무엇이며, 주민으로서의 마땅히 누려야 할 권리란 어떠해야 하는가, 라는 질문들을 근본에서부터 다시 제기할 수 있다면 우리는 도시에 대한 권리를 '여전히' 말할 수 있지 않을까?

반면, 미국 연방 헌법에는 재산권의 사회적 의무성을 명시한 규정이 없다. 영국에는 법전 형식의 헌법이 아예 존재하지 않는다. 이러니 미국과 영국의 법학은 재분배 문제, 환경 문제를 해결하기 위해 헌법상의 재산권을 포함한 도시에 대한 권리 담론보다는 커먼즈론이라든가 공공 신탁 법리를 선호한다. 최근의 커먼즈론이 미국의 정치학자인 엘리너 오스트롬Elinor Ostrom 등의 영향 아래 앵글로 색슨계 법학이나 사회학에서 왕성하게 전개되는 것도 이런 헌법 규범적 배경을 갖고 있다.[122]

도시 정치의 목표가 된 젠트리피케이션

통일 직후 베를린의 도시 상황을 돌이켜 보면, 전쟁으로 파괴되고 분단으로 방치된 도심 지역의 재생이 필요했던 것은 사실이다. 예컨대 동베를린의 프렌츠라우어베르크 지역은 완전히 부서지고 쇠락한 상태에서 통일을 맞았다. 화장실은 아파트 혹은 집 밖에 있었고, 난방은 실내에서 석탄 오븐으로 겨우 하는 실정이었다.[123] 문제는 시 당국이 도시 재생을 위한 대수선 프로젝트를 공적 자금이 아닌 민간 자본을 끌어들여 진행하려고 한 순간부터 생기기 시작했다.

자본주의 사회에서는 누구든 이윤에 대한 전망 없이는 자본을 투자하지 않는다. 투자자들은 젠트리피케이션으로도 바꿔 부를 수 있는 도시 재생을 통해 주거 환경을 개선함과 동시에 임대료를 대폭 올려 투자금을 회수한다. 이로 인해 저소득층은 물론이고 중산층도 감당하기 힘든 수준의 엄청난 임대료 폭등이 일어난다. "주택난이 이렇게 떠들썩하게 화제가 되는 것은, 그것이 노동자 계급만이 아니라 프티 부르주아지에게도 문제가 되기 때문"[124]이라는 프리드리히 엥겔스의 진단은 오늘날의 베를린에도 딱 들어맞는다. 특히 독일에서는 1970년대까지 이어진 도시 외곽 건설 붐이 서서히 막을 내리고, 그때까지 방치됐던 도심에 대한 투자가 늘어나면서 도시 중심지가 이러한 변화의 직격탄을 맞았다.[125] 이렇게 임대료가 아주 극소수의 원주민들만 감당할 수 있는 수준으로 상승하면 대다수 원주민은 살던 곳에서 축출되기 시작한다. 특히 저소득층의 경우 가계 예산에서 임대료 및 주거비 지출이 차지하는 비중이 소득의 20퍼센트를 넘으면 살던 곳에서 계속 살기가 어려워진다.[126]

젠트리피케이션은 가난하지만 다양한 구성의 도심 빈민가 원주민들이 새로운 전입자인 '젠트리(중산층)'에 의해 대체되는 과정이다. 뉴욕세입자연합회의 활동가는 이렇게 말하기도 한다. "젠트리피케이션은 부동산 자본이 어느 지역에서 성장 기회를 발견하고, 그 지역에 들어와서 지역을 싹 바꾸어 놓는 일련의 구조적 과정"이다.[127] 어떤 특정 지역을 중산층 지역으로 만들겠다는 정치적·경제적 의지는 당연히 가난한 자들의 축출을 전제로 한다. 가난한 사람들이 많은 마을에서 그들을 쫓아내지 않고 돈을 벌 수는 없기 때문이다.[128] 가난한 이들의 축출은 젠트리피케이션의 부작용이 아니라 도시 정치의 목표가 되고 있다.

축출되는 이들의 시각에서 볼 때 젠트리피케이션은 도시형 재난이다.[129] 원주민들이 축출되면 일부 중산층과 상류층이 그 자리를 차지하기 시작한다. 새롭게 진입한 이들은 기존 주민들과는 다른 욕구, 욕망을 가진 집단이다. 그들은 도시에서의 멋진 삶을 갈구하고 이를 관철한다. 그 결과 현재의 프렌츠라우어베르크는 완전히 중산층화한 세계로 변모했다.[130] 지역이 간직했던 수없이 다양한 문화는 동질적인 부르주아 중산층 문화로 대체됐다.[131] 젠트리피케이션은 전적으로 의도된 정치·경제학적 과정으로서의 도시 변경 프로세스다. 젠트리피케이션은 도시를 발전시키는 과정이 아니라 도시를 바꾸는, 그것도 가난한 자들을 패배자로 만드는 사회적 결과를 낳는 프로세스다.[132] 젠트리피케이션이 일어나면 도시, 마을의 건축적 구성만이 아니라 인구 구성, 상업적 구성의 변경이 일어난다. 마을을 지키던 구멍가게는 스타벅스로 바뀐다.

젠트리피케이션이 발현하는 양상은 나라와 지역에 따라 다르다. 심지어 1970년대 뉴욕의 젠트리피케이션은 "사람들이 다양한 공동체와 양성평등을 찾기 시작하면서 발생한 사회 진보적 움직임"으로까지 평가되기도 한다. 물론 오늘날에는 그곳의 젠트리피케이션도 "더 자본 주도적이고 사람들한테 더 해로운" 것이 되고 있지만 말이다.[133] 한국 안에서도 서울과 부산의 양상이 다르고, 서울 안에서도 난곡과 용산과 한남동이 각각 다른 방식의 젠트리피케이션 과정을 겪는다.[134] 따라서 그 과정을 미시적으로 세밀하게 들여다볼 필요는 있다. 다만, 저개발 국가가 개발 도상국 혹은 선진 자본주의 국가로 '발전'하는 과정에서 발생하는 가난한 도시민의 축출은 세계 어느 나라에서나 일상적인 일이 된 지 오래다.

대규모 축출의 가장 좋은 명분은 올림픽이나 월드컵 같은 대형 스포츠 행사나 자연재해다. 서울 올림픽에 앞서 상계동 도시 빈민이 쫓겨났고, 북경 올림픽을 빌미로 북경의 후퉁胡同이 철거됐듯이, 2014년 브라질 월드컵 때에도 파벨라Favela의 빈민 축출이 폭력적으로 진행됐다.[135] 서울의 판자촌, 달동네를 밀어 버리고 아파트 단지로 재개발하듯, 이스탄불시 당국은 달동네의 '게체콘두'[136]를 밀어 버리고 '아파트 단지'를 조성했다. 팍팍한 도시살이를 헤쳐나갈 수 있게 한 "복지 공동체이자 도시 속의 농촌"[137]이었던 판자촌 자리에 중산층용 주거지가 등장했다. 2010년대 유럽과 튀르키예 지역의 도시권 투쟁을 다룬 2015년의 한 탐사 보도 프로그램은 철거 위협 앞에 놓인 이스탄불의 오래된 게체콘두 지구 사례를 담아냈다.[138] 그곳에서 지진 위험은 철거를 밀어붙이는 강력한 논거였다. 튀르키예 중앙 정부와 시 행정 당국은 1999년 대지진 이후 이스탄불의 70퍼센트를 지진 위험 지구로 지정한 뒤, 안전 기준을 충족하지 않는다는 이유로 게체콘두 지구를 불도저로 밀어 버렸다.[139] 판잣집이 있던 그 자리를 대신 꿰차고 들어온 것은 어김없이 중산층을 겨냥한 아파트와 상업용 고층 빌딩이었다.[140] 이렇게 해서 지진의 위험으로부터 안전해졌는가? 그렇지 않다. 도시 계획 전문가들은 이런 방식의 재개발을 은밀하게 진행되는 젠트리피케이션이라고 비판한다. 실제로 국가와 자본은 지진 위험이 크지 않은 지역이라도 도심의 노른자위 땅은 이런 방식으로 폭력적으로 재개발한 반면, 이윤이 충분히 보장되지 않는 지역이라면 재개발이 훨씬 더 필요한 경우라도 그냥 방치했다.[141]

젠트리피케이션은 지구 전체에서 전개되는 자본주의적 도시화, 글로벌 차원에서 자본 유치 입지 경쟁을 하는 도시들 사이를 자유롭게 이동하는 금융 자본을 전제로 한다. 이러한 전 지구적 현상을 배경으로, 많은 이들이 베를린에서 일어나는 도시에 대한 권리 운동 및 주택 사회화 운동을 주목하고 있다. 젠트리피케이션이 자본의 전 지구적 전략이 되면서, 그곳에서의 문제는 이곳에서의 문제가 되기 때문이다. 그리고 사실 이곳, 한국의 문제는 더 심각하다. 젠트리피케이션이 어느 한 도시만의 문제가 아니라면, 즉 베를린만이 아니라 독일의 대도시, 나아가 전 세계 중요 대도시에서 동시다발적으로 일어나는 문제라면, 그 문제에 대한 해결책도 동시다발적으로 찾아내고 쟁취해야 한다. 2000년대 이후 도시 문제의 특수성이 여기에 있다.[142]

데이비드 하비는 르페브르의 논지를 이어받아, 도시에서의 일상의 전복은 모든 도시의 글로벌한 생산 관계가 구조적으로 변혁될 수 있을 때만 성공할 수 있다고 봤다.[143] 해결책을 동시다발적으로 찾아내고 해결하려면 베를린에서의 도시 정치와 투쟁, 특히 도시에 대한 권리 투쟁 및 주택 사회화 운동을 들여다보는 일이 우리의 삶과도 연결돼 있고, 또한 연결돼 있음을 직시해야 한다.

도시는 작품이다

나는 이하에서 도시민과 시민이라는 개념을 의식적으로 구분해서 사용하겠다. 시민 혹은 공민(公民) 개념에서는 국민 국가의 시티즌십(citizenship)을 전제로 한 국민에 초점이 놓이지만, 도시민은 그와 같은 국적 혹은 주권 개념을 전제로 하지 않는다. 도시민은 르페브르식으로 말하자면 도시에 깃들어 '거주한다는 것'에 대한 권리를 주장할 수 있는 모든 사람을 말한다. 도시민의 투쟁에서 중요한 것은 제도 정치가 주장하는 도시 의제(예컨대 2016 유엔-해비타트 Ⅲ의 도시 의제[144])나 '주거권'에 만족하지 않는 일이다.

크로이츠베르크, 변방에서 중심으로

베를린-크로이츠베르크는 1970년대 이래 도시에 대한 권리 투쟁의 아성이다. 1980년대 주택 점거 투쟁의 본산이었던 이곳은 2000년대 들어 베를린 세입자 투쟁의 중심이 됐다. 특히 2008년 금융 위기 이후 다수의 임대 주택이 (고급) 자가 주택으로 변모하면서, 크로이츠베르크는 주택 사회화 주장이 그 어느 곳보다 높은 곳이 됐다. 도시민 투쟁의 중심으로서 크로이츠베르크라는 위상은 20세기 베를린이라는 도시가 맞닥뜨려야 했던 역사적 경험과도 연결된다.

1961년에 베를린 장벽이 도시 한 가운데를 관통하면서 도시는 큰 변화를 겪는다. 그곳은 졸지에 분단이 만든 변방이 됐다. 동독 당국은 동독인들이 서베를린으로 넘어가는 것을 차단하기 위해 장벽 앞 '중심지'들, 특히 프리드리히스하인 지역의 낡은 집들을 빈집으로 방치했다. 이들 빈집은 통일 직후 점거의 대상이 됐다. 갑작스러운 통일로 인해 권력의 공백이 발생하자, 몇 달 사이에 미테, 프렌츠라우어베르크, 프리드리히스하인, 그리고 리히텐베르크 지역에서만 130호가 넘는 빈집이 점거됐다.[145] 베를린의 주택 점거 운동을 연구한 바스데이밴은 이 상황을 "빈 곳을 점령하기: 베를린 장벽 붕괴 후의 스쿼팅"이라고 표현했다. 다만, 이 시기의 광범위한 주택 점거를 동독 정권에서 일어난 최초의 사건으로 오해하면 안 된다. 동독 지역에서도 '몰래 들어가 살기', 혹은 빈집 점거는 1970~1980년대 내내 베를린, 할레, 드레스덴, 라이프치히, 포츠담, 에어푸르트, 예나와 같은 대도시의 일상이었다. 1970년대 초반에 이미 주택 점거는 동독 전역에 퍼져 있었다.[146]

베를린 외에도 동독의 대도시 도심 지역의 주택은 대체로 낡고 부서진 채 방치된 경우가 많았다. 동독 정권이 도시 외곽에 대규모 산업 단지를 만드는 데 이데올로기적 우선권을 두었기 때문이다. 그 결과 도심 주택은 상대적으로 노후화했고 도심 내 살만한 주택 수는 줄어들고 있었다. 이에 1960년대 중반부터 동독인들도 8년에서 10년에 이르는 국가의 공식적인 배당 절차를 기다리지 못하고 '방치된' 주택을 암암리에 점거하며 살았다.[147] 다만, 동독에서의 주택 점거 동기는 서독(서베를린)의 그것과 달리 정치적 저항이라기보다는 모두에게 적정한 주거를 약속했지만 이를 지키지 못하는 국가의 무능으로 인해 감행한 자구책의 성격이 강했다.[148]

서베를린 쪽 도심, 그러나 분단 시대에는 한 발만 더 내디디면 죽음의 선인 장벽이 서 있던 크로이츠베르크도 사정이 비슷했다. 이곳은 원래 도심에서 약간 빗겨나 있는 변두리였지만 분단 이후 말 그대로 변방이 됐다.[149] '세상의 끝'[150]인 이곳에는 튀르키예계 외국인 노동자와 저소득층 주민, 가난한 대학생, 기성세대와 불화한 청소년들이 다수 거주했다.[151] 철거 직전의 저렴한 임대 주택이 많은 이곳에서 이들은 주택 점거 투쟁을 전개하고, 시 당국의 도시 정책에 저항했다. 거리의 예술가들은 빈집과 공적 공간에 그라피티를 그려 넣음으로써 도시 공간의 규칙과 소유권을 무시했고, 활동가들은 기존의 사회 및 공간 질서에 도전했다.[152]

이들은 스스로 집을 고쳐 가며 살았고 자본주의적 삶과는 다른 방식의 생활도 실험했기 때문에 사람들은 크로이츠베르크 지역을 "대안적인 삶과 주거와 노동의 형태를 현실화할 수 있는 곳"이자 "서독의 규범 저편에 있는 유토피아"라고 평가했다.[153] 이곳에서는 가난한 노인과 젊은 주택 점거자들이 자연스럽게 만나고 연대했다.[154] 따라서 (후술하듯이) 이곳의 주택 점거 투쟁은 '도시의 변용變容을 통해 잉여를 흡수하는, 창조적 파괴creative destruction'[155]에 대항하면서, 철거 직전의 집을 지키고 고쳐 가며 함께 만들어 온, 마을의 모습과 주민 구성을 보존하려는 운동의 성격이 강했다. 크로이츠베르크의 이러한 '주민 및 마을 구성'은 1990년 독일 통일 이후에도 한동안 유지됐다.[156] 이것은 포츠담 광장 주변의 급격한 변화와도 대비된다. 자본가들은 영화 〈베를린 천사의 시〉가 흑백의 필름으로 노출한 공터를 '창조적으로 파괴'하여, 그곳에 소니 센터와 같은 마천루들을 세웠다. 그러나 크로이츠베르크 지역의 가난한 이들은 쉽게 쫓겨나지 않았다. 크로이츠베르크는 최근 힙한 거리로 떠오르면서, 젠트리피케이션의 중심, 도시의 새로운 중심이 되고 있다. 이곳에서 주민들은, 예나 지금이나, 도시의 중심성을 지키기 위해 계속해서 싸운다. 그 점에서 나는 이들의 투쟁을 도시에 대한 권리 투쟁의 한 전범典範으로 이해한다.

여기서 말하는 도시의 중심성은 르페브르가 1960년대에 생각했던 방식, 즉 코뮌주의자들이 파리 중심부를 장악했던 것처럼 되찾아야 할 도시의 절대적 중심의 의미가 아니라, 도시적인 것의 세포 형태, 그 분자적 구조, 그것의 필수 조건인 어떤 것이다.[157] 구체적으로 이것은 르페브르가 1970년대 작업에서 표명한 "어떤 주어진 공간 안에 공존하는 모든 것의

회합이자 함께 만나는 것, (…) 이런 식으로 공존하는 것"이고, "그 자체로는 비어 있지만, 내용을 요구하는 형태"[158]다. 중심성centrality은 집중화centralization를 분쇄해야 한다. 집중화는 부와 지식, 정보와 권력을 집중시켜 통제와 지배라는, '전체화하는' 임무를 완수한다. 반면 중심성은 새로운 민주주의의 논리와 전략을 탄생시켜야 한다.[159] 이는 결국 베를린, 특히 도심에서 토지 사용 권리를 중심에 놓고 마을을 만들어 왔던 각양각색의 주민들에게 도시 공간을 재차 자신들의 일상적인 사용 및 필요에 맞게 재조직하고 변형할 수 있게끔 하는 이론적, 실천적 도구를 부여하는 일이 된다.

도시에 대한 권리, 중심성에 대한 권리

도시에 대한 권리는 프랑스 철학자 앙리 르페브르가 1968년의 파리 봉기의 맥락에서 이미 정식화했던 구호였다.[160] 1960년대 후반에 도시에 대한 권리가 급진적인 요구이자 호소로 표출됐을 때, 르페브르는 이 민주적 권리를 처음으로 개념화했다.[161] 르페브르는 도시 계획상의 잘못된 발전을 비판하면서,《도시에 대한 권리Le droit à la ville》를 썼다.[162] 이는 일종의 '도시적인 것'에 대한 선언이었다.

르페브르의 도발적인 책은 건축과 도시 계획에서의 주류적 태도에 맞서는 고발장이기도 했다. 1960년대 말 프랑스 사회는 기능주의 건축 사조思潮(대표적으로 르 코르뷔지에)와 근대화 이념의 지지하에, 파리 등 도시 외곽에 거대 단지와 고층 아파트 건설을 관료주의적으로 밀어붙이고 있었다. 이러한 과정에서 국민 다수는 도시적인 것, 도시의 '중심'으로부터 분리, 배제되고, 도시 공동체에서 '몫 없는 자들'로 전락했다. 르페브르가 예감한 대로 이런 식으로 만들어진 주거 단지는 오늘날 방리유Banlieue 문제의 아지트가 되고 있다.[163]

이 책의 기초를 이루는 생각은 마르크스의 이론에까지 거슬러 올라가는 르페브르의 다음과 같은 테제다.[164] 도시와 도시 현실은 사용 가치에 속하며, 또한 속해야 한다. 그러나 도시와 도시 현실을 지배하는 것은 교환 가치이며, 이것이 도시를 파괴한다.[165] 여기서 르페브르는 도시 혁명을 통해 사회적 실천의 변화를 가져와야 한다고 주장한다. 이는 수 세기에 걸쳐 교환 가치에 종속돼 왔던 사용 가치가 재차 우위에 놓일 수 있게끔 만드는 것을 의미한다.[166] 구체적으로 이 권리와 함께 도시민은 공간의 단순 이용자에서 공간에 대한, 그리고 공간 내에서의 욕구를 스스로 정의하는 행위자가 될 수 있다. 르페브르는 이를 해방적-정치적 구상으로서의 수평적 자주 관리autogestion 개념으로 설명했다.[167]

이러한 목표를 달성하기 위해 르페브르는 주민들이 도시에 대해 갖는 여러 권리, 즉 자유에 대한 권리, 사회화 속에서의 개인화의 권리, '주거지'에 대한 권리 및 '거주한다는 것'에 대한 권리의 상위 형태로 도시에 대한 권리를 제시했다.[168] 르페브르는 거주한다는 것과 주거지를 구분하면서, 거주한다는 것에서 도출되는 점유의 권리와 주거지에서 도출되는 소유의 권리 사이의 이론적이며 동시에 실천적인, 변증법적이며 동시에 갈등적인 운동에 주목했다.[169]

도시에 대한 권리는 (자본주의적 상품이 아닌) '작품'으로서의 도시와 그것의 제작에 참여할 권리, 소유에 대한 권리와 확실하게 구분되는 전유專有의 권리를 포괄한다.[170] 르페브르는 도시란 단순한 물질적 생산물이 아니라 오히려 예술 작품에 비견되는 것이라 본다. 그렇다면 이 작품을 만든 예술가는 누구인가? 그것은 역사다. 도시는 역사의 작품이다. 이 말은 곧 역사적 조건 아래 이 작품을 생산한 특정한 인간과 집단이 존재한다는 뜻이다.[171] 그들에게는 이 작품을 향유할 권리가 있다. 이를 르페브르는 전유의 권리로 설명하고 있다. 전유의 권리는 "도시 공간에 대한 집단적 재전유"와 "도시의 사용 가치에 초점이 맞춰진, 새로운 도시적 삶"을 요구한다.[172] 한국에서는 이러한 전유의 권리에 대한 요구가 '강제 퇴거 금지법' 제정 운동으로 표출된 바 있다.[173]

르페브르는 《도시에 대한 권리》에서 도시의 통합적 기능을 강조했다. 그는 도시 혹은 도시 공간이라는 개념을 통해 중심성에 대한 권리를 도시에 대한 권리의 주요 내용으로 포섭했다.[174] 그가 보기에 중심성은 도시 공간의 근본적 특성이다.[175] "도시의 삶은 만남, 차이들의 대면, 도시 내에서 공존하는 삶의 방식들, '패턴들'의 상호적 인식 및 승인을 전제로 한다."[176] 그런데 19세기 전반에 걸쳐 농민적 기원의 민주주의가 도시 민주주의로 변모해 가자, 이것이 자신들의 특권을 위협한다고 생각한 신흥 지배 계급은 도시의 중심으로부터 그리고 도시 그 자체로부터 프롤레타리아트를 축출해 도시성을 파괴함으로써 도시 민주주의가 생명력을 갖는 것을 방해했다.[177]

따라서, 중심성에 대한 권리에서 핵심은 물리적 공간으로서의 도시 중심에 구체적인 몸을 갖고 머무는 것이 아니라, 도시 공동체의 모든 구성원이 정치적, 전략적 토론에 접속하는 것, 도시 정치의 모든 수준에서 발생하는 충돌과 대결, 논쟁에 참여하는 것이다. 중심을 공간의 문제로 한정할 필요는 없다. 중심성에 대한 권리에서는 서로 다른 사회 집단 간의 만남, 그들의 커뮤니케이션 및 정보와 관점의 교환, 그리고 이 '공간'을 완전하고 전면적으로 사용할 수 있게 허용하는 '시간'의 사용도 중요하기 때문이다.[178] 중심은 "결정의 중심, (사회의) 부의 중심, 권력의 중심, 정보의 중심"을 의미하며, 정치적 특권을 갖지 못한 이들은 이런 중심에 들어가지 못하고 외곽으로 밀려난다.[179]

"도시에 대한 권리를, 전통적인 도시들을 방문하거나 그 도시들로 회귀할 단순한 권리로 이해할 수는 없다. 그것은 변용되고, 쇄신된 형태의 도시적 생활에 대한 권리로만 표현될 수 있다. '도시적인 것'이 만남의 장소가 되고, 사용 가치의 우선성을 보장하고, 제반 재화 중 최고의 재화의 지위로 고양된 시간을 기입하고 있는 공간으로서의 그 형태학적 기초와 그 실제적·감각적 현실을 유지하는 한, '도시적인 것'이 시골을 잠식하고, 농민 생활 가운데 살아남은 것을 옥죈다고 하더라도 문제가 될 건 없다."[180]

중심성과 역동적인 핵심 없이는, 도시도 도시성도 있을 수 없다. 도시에는 활기 넘치고 개방적인 공공 포럼, 생기 있는 순간과 마주침으로 가득한 곳, 교환 가치와 무관한, 그런 장소가 있어야 한다.[181] 중심성에 대한 권리는 도시의 창의적이고 창조적인 자원에서 생겨난 잉여물을 공동체적으로 전유할 수 있는 권리, 이로써 그 잉여물을 '이윤을 추구하는 개별 집단'에서 빼내 일반 대중에게로 귀속시킬 수 있는 권리를 포함한다.[182] 이렇게 봤을 때 '우리'는 중심성에 대한 권리를 주변화된 인구 집단도 "사회의 부의 장소, 도시적 인프라의 장소, 지식의 장소에 접근할 수 있는"[183] 권리로 재정의할 수 있다.[184] 중심성에 대한 권리는 노동자와 빈민, 외국인과 소수자,

성 노동자가 도심으로부터 축출되는 모든 도시에서 주장될 수 있지만, 베를린-크로이츠베르크라면 그 의미는 더욱더 각별하다.

법제화, 문제 해결의 열쇠?

르페브르의 구호인 도시에 대한 권리가 프랑스 외부에서도 수용되기 시작한 것은 1990년대 이후의 일이다. 그의 《공간의 생산La Production de l'espace》이 영어로 새로 번역되어 나온 해가 1992년이다. 이 번역은 공간을 사유의 카테고리로 재발견해내는 패러다임 변화를 가져왔다.[185] 편집자 코프만과 레바스는 1996년에 르페브르의 글과 인터뷰를 묶어 《도시에 관한 글들Writings on Cities》을 펴냈다. 여기에 르페브르의 글 〈도시에 대한 권리〉도 포함됐다. 이어 2000년대가 시작되자 이 권리를 다룬 출판물이 '말 그대로' 쏟아졌고, 도시에 대한 권리는 (비판적) 도시 연구의 주류로 자리 잡았다.[186]

그런데 도시에 대한 권리는 학문의 상아탑 내에서만 논의된 게 아니다. 어떤 이는 이 개념이 2001년 이탈리아의 제노바에서의 반세계화 투쟁이 폭력적으로 진압된 이후 생긴 '침묵'을 메우며 등장했다고 말한다.[187] 그렇게 보면 신자유주의적 세계화 = 도시적인 것의 신자유주의화가 본격화하면서 등장한 사회 운동과 이를 부분적으로 수용하려고 한 제도권의 대응이 이 개념의 '세계적 유행'에 공헌했다고 볼 수 있다.[188] 이제, 도시에 대한 권리는 현재의 도시 투쟁에서 발생하는 각양각색의 논쟁을 포괄하는 개념이 됐다.[189] 사람들은 도시에 대한 권리를 쟁취하기 위해서 싸웠을 뿐만 아니라, 이 권리의 의미를 두고도 투쟁해 왔다.[190]

　　다소 도식적인 설명이 될 수 있지만, 이 개념의 수용과 활용은 크게 두 개의 흐름을 형성하고 있다. 미국과 서유럽의 비판적-학문적 논의들이 르페브르 계수繼受라는 큰 틀 아래, 현존 (사회) 질서에 대한 근본적 비판을 시도하는 모습을 보인다면, 글로벌 사우스의 운동 단체와 비정부 기구는 이 권리를 앞세워 도시의 실제적 변화를 추구하고 있다.[191] 이를 두고 르페브르의 혁명적 계승 혹은 개혁적 계승이라는 식으로 설명할 수도 있겠지만,[192] 이 문제는 그렇게 단순하지 않다. 서유럽과 달리, 기본적이고 보편적인, 따라서 모두에게 공평하게 공급되는 도시 인프라(예컨대 수도 공급)가 구축돼 있지 않은 라틴 아메리카 등지에서 사회 운동의 관심이 '실용적' 요구 쪽으로 경도되리라는 건 어느 정도 납득이 된다.

　　이 후자와 이들의 요구를 받아 안으려는 정부 기구들은 도시에 대한 권리를 형식적, 제도적 맥락에서 이해하려는 태도를 강화해 왔다. 이들은 '권리' 개념에 착안해 이 개념을 법률적으로 제도화하는 데 힘썼다. 도시에 대한 권리를 국가의 법규로 제도화하려는 세계도시포럼World Urban Forum이나, 국제 비정부 기구인 국제주거연맹Habitat International, 그리고 도시 정부들이 이런 맥락에서 도시에 대한 개념을 이해했다. 예컨대 2004년 세계도시포럼은 도시에 대한 권리를 숙소 및 깨끗한 물에 대한 권리로 정의했다.[193] 2001년에 성립한 브라질 도시법도 이런 흐름 위에 있다.[194]

도시적 편익으로부터 배제되지 않을 개인들의 요구라는 주관적·개별적 권리에서 출발해, 그러한 요구를 객관적 법이라는 보편적 심급으로까지 일반화하는 운동이 필요한 것은 사실이다.[195] 상가 임차인들이 임대료 인상, 공공 공간으로부터의 축출 혹은 국가적 억압에 맞서 그들의 주관적 권리를 주장하고, 쟁취한 권리를 객관적인 법으로까지 끌어올리는 운동을 전개하면서, 이를 도시에 대한 권리 투쟁으로 명명하는 일은 흔히 있는 일이다. 문제는 이러한 운동이 법제화로 끝나버리거나 법제화만을 최종적인 목표로 상정했을 때 발생하는 이론과 현실의 괴리, 혹은 운동의 '제도적 포획捕獲'이다.

도시에 대한 권리의 제도화, 형식화에서 도시 정부, 인도주의 조직 및 비정부 기구들은 도시에 대한 권리 전략을 추구하면서 자신들의 목표를 분명히 한다. 즉, 그들은 특정 정치 행정 단위에 소속돼 있는 사람들, 예컨대 도시에 등록한 주민 혹은 선거권을 가진 공민에게만 도시에 대한 권리를 부여하려 한다. 그러나 도시에 대한 권리의 이와 같은 형식적 법률적 제도화는 르페브르의 원래의 급진적 개념 구상, 비판적 도시 연구자들의 개념 이해와 결을 달리한다.[196]

첫째, 도시에 대한 권리의 법제화가 이뤄지면서 주민의 일부는 이 권리에서 배제된다. 르페브르는 도시에 대한 권리는 도시 공간의 생산에 참여하는 것을 통해 정당화된다고 보면서, 이를 위해 제도적 형식화가 필요한 게 아니라고 말한다. 참여는 제도화 이전에 이미 일상 활동 모두에서 행해지는 것인데, 제도적 형식화가 오히려 참여를 제한하기 때문이다. 그러므로 도시 공간에 대한 통제는 소유 관계 혹은 형식적 시민권과 무관하게, 이 공간의 모든 주민(도시민)에게 맡겨져야 한다. 이것은 국민 국가 혹은 국가 연합의 공민의 권리에 기초해, 법적 자격을 가진 사람들이 제도적으로 결정에 참여할 수 있는 '시민 참여'와 구별되는 구상이다.

둘째, 도시에 대한 권리의 제도화는 이 권리 구상의 (반자본주의적) 기본 사고를 의심스럽게 만든다. 도시에 대한 권리의 법제화를 주장하는 제도화론자들은 대부분 자원의 신자유주의적 배분 논리를 거부하지만, 자본주의 체제 그 자체를 의심하지는 않는다. 그들은 도시 공간을 돈으로 평가하는 자본주의적 시장 논리를 기각하는 것이 아니라, 그것을 순치할 수 있으며, 더 인간적인 방식으로 만들 수 있다고 믿는다. 도시에 대한 권리의 제도화는, 해방된 사회의 변화된 삶이라는 근본적으로 다른 미래를 그리며 도시의 현재 상태를 급진적으로 비판하는 대신, 현상을 개선하는 개혁을 추구할 뿐이다. 이를 두고 도시에 대한 권리라는 슬로건의 (정신) 분열적 해석이라고 비판하는 견해도 있다.[197]

셋째, 도시에 대한 권리의 과정적 성격은 참여를 제도적 형태로 만드는 것과 부합하지 않는다. 지금까지의 제도적 시도에서 참여는 대부분 도시 계획 절차에 시민이 단순히 자문하는 것으로 끝나고 만다. 대의제 민주주의가 '이런' 참여적 절차를 통해 개선되기는 하지만, 국가 및 대표자들의 권력은 온존된다. 르페브르가 원한 것은 대의제 민주주의가 필요로 하는 정치적 위임의 보강, '개선된' 대의제 민주주의하에서의 '더 인간적인' 삶이 아니라 도시의 삶을 변화시키기 위한 일상적 투쟁을 가능케 할 무기였다. 이것은 도시 계획 절차에 시민이 참여하는 구상을 뛰어넘는다. 르페브르는 민주주의적 의사 결정을 제도적 절차에 한정하지 않고, 도시 공간의 생산에 공헌하는 모든 결정으로 확대한다. 그것은 사람들이 매일 자신의 자전거를 세워 두는 벽을 그라피티로 채우겠다는 결정일 수도 있고, 빈집을 점거하자는 결정일 수도 있다.[198]

결국 르페브르가 말한 도시에 대한 권리는 부르주아 사회에 익숙한 법의 범주로는 파악하기 힘든, 사회적 삶의 급진

적 전환을 향한 집단적 요구로 이해해야 한다.[199] 그러나 현실
은 도시에 대한 권리의 형식화-제도화-법제화가 압도하는
상황이다. 이런 모습을 목격하면서 르페브르의 '도시에 대한
권리' 구상을 영어권에 처음 소개했던 하비[200]는 점차 이 권리
가 텅 빈 기표(시니피앙)로 전락하고 있다고 비판했다.[201]

　　권리는 좌파만이 아니라 우파에게도 동기를 부여한다.
우파는 사법 권력을 통해 관철할 수 있는 많은 자원을 동원해
실제로 권리를 위한 투쟁에서 승리한다. 도시에 대한 권리는
도시 공간 형성 프로세스에 대한 도시민들의 모종의 형성적
권력을 말하는 듯하지만, 실제로 이 권리를 주장하는 이들은
금융 투자자와 개발업자들이다. 그래서 "우리가 점점 목격하
게 되는 건 도시에 대한 권리가 사적이거나 그와 유사한 이권
의 손아귀에 떨어진다는 사실이다. 지금 형성되고 있는 도시
에 대한 권리는 대부분 한 줌의 정치적·경제적 엘리트들에게
만 너무나 협소하게 한정, 제한돼 있고, 이들은 도시를 점점
자신의 욕구에 맞춰 만들어 낼 위치에 올라서고 있다."[202]

　　브라질의 홈리스운동단체MTST 활동가들도 2001년 브
라질 도시법의 한계를 지적한다. 그들은 이 법률이 강제 퇴거
절차로부터 거주자들을 제대로 보호하지 못하며, 자본주의적
도시화의 기초에 놓여 있는 소유권 논리를 일소하려는 의지
를 담고 있지 않았다고 비판한다.[203] 2001년 도시법은 도시

행정의 민주화, 소유권에 대한 정당한 과세, 도시 불평등과의 투쟁, 지속 가능한 도시를 위한 권리의 보장을 위한 여러 법적 수단들을 포함하고 있었다. 그러나 도시에 대한 헤게모니를 행사하는 세력들은 도시의 구획 및 공유 재산(도시 재산)에 대한 법적 규율의 현재 모습을 유지하면서, 그로부터 계속하여 이윤을 뽑아내기 위한 그들의 전략을 이 권리 안에 집어넣는 데 성공했다.[204]

후술할 주택 사회화 운동을 포함한 베를린, 특히 크로이츠베르크의 도시에 대한 권리 투쟁은 위의 두 흐름 중 어느 것에 가까울까? 사실 이 질문에 답하는 건 쉽지 않다. 여러 다양한 투쟁 현장과 국면을 두 개의 방향성으로만 이해할 수 있을까 하는 의문도 든다. 그럼에도 불구하고 이하의 논의를 위해 나름 정리를 하자면 이렇게 말할 수 있다. 크로이츠베르크의 투쟁에는 현존 (사회) 질서에 대한 근본적 비판이 빠진 적이 없었다. 그러나 다른 한편, 이 투쟁은 제도 정치와 상호 보완적인 관계를 맺어 왔다. 이 투쟁의 주체들은 도시에 대한 권리의 제도화, 법제화를 위해 노력하면서도 도시에 대한 권리가 형식화되는 것은 경계했다.

도시에는 경제적 불평등 외에도 다른 권력 관계도 아울러 작동하고 있다. 노동자 계급의 해방적 역량을 고려할 때는 자본주의적 도시와의 대결이 중심이 되지만, 인구의 나머지

부분을 생각하면 인종주의적, 가부장적 혹은 이성애 규범적 heteronormativ 도시와 도시의 이런 면모와 결합된 불평등과의 대결에도 눈을 돌려야 한다. 인종적으로 타자인 이들(대표적으로 이민자들)은 인종주의적, 가부장적, 이성애 규범적 도시 내에서 도시에 대한 권리를 갖지 못한다. 노동 정책과 이민 정책을 분리하고 위계화하는 것은 이러한 현실에 일조한다. 이런 상황에서, '급진적 변혁을 위한 사회적 힘'을 오로지 노동 계급에서만 찾을 수는 없다. 오히려 모든 도시민을 도시의 변혁에 참여시키는 시각이 필요하며,[205] 이민자의 시각에서 볼 때 도시에 대한 권리는 과연 어떤 의미인지를 질문해야 한다.[206] 크로이츠베르크는 그러한 질문을 놓치지 않은 곳이다. 난민과 이방인이 혐오의 대상이 되는 곳에서 도시에 대한 권리를 말하는 것은 어불성설이기 때문이다. "도시의 존엄은 그곳을 찾아온 새 이주민들을 대우하는 방식에서 드러난다."[207]

4 베를린의 주택 점거 투쟁과 주택 사회화 운동

다채로운 무리, 주택을 점거하다

주택 점거는 독일과 유럽에 고유한 투쟁이 아니다. 미국과 캐나다는 물론이고, 남미 대륙을 포함, 전 세계에서 일어나는 운동이다.[208] 주택 점거자의 다수는 과거는 물론 현재도 브라질 등 글로벌 사우스에 살고 있다.[209] 주택 점거 운동의 역사는 연원이 깊다.[210] 1871년의 파리코뮌은 오스만의 파리 대개조 사업에서 배제된 사람들이 자신들의 도시를 되찾으려는 열망에서 봉기한 사건의 성격도 갖고 있어 20세기 주택 점거 투쟁의 선구로 평가받기도 한다.[211]

지난 세기의 주택 점거는 68혁명에 닿아 있으며, 전유의 권리, 중심성에 대한 권리를 현장에서 실천한 운동이라는 점에서 이념적으로도 도시에 대한 권리와 연결된다. "도시에 대한 권리가 품은 대안적 전망을 봉쇄하기 위한 신자유주의 질서의 노력에도 불구하고 주택 점거의 역사는 여전히 진행형이다."[212] 하이델베르크와 런던에서 최근 새롭게 소생한 주택 점거 운동은 도시에 대한 권리 운동으로부터 직접 영향을 받은 것으로 평가되고 있다.[213]

지난 세기 유럽에서 주택 점거는 전후 자본주의가 위기 국면으로 접어들던 1960년대 말에 시작됐다. 당시 주택 점거는 여러 나라에서 거의 동시다발적으로 일어났는데, 그중에서도 선도적인 투쟁은 이탈리아에서 벌어졌다. 1969년 북부 이탈리아에서는 수천 건의 주택 점거가 있었다. 남부 지역에서 이주해 온 노동자들이 토리노, 밀라노 등지에서 주거 공간을 점거했다.[214] 이탈리아에서는 "1951년부터 1971년까지 농업 노동력 비율이 43.9퍼센트에서 18.8퍼센트까지 급락했다. 400만 명의 사람들이 남부를 떠났고 시골에서 북부 도시들로 이주했다. 1951년에서 1966년 사이에 이탈리아 대도시들의 인구는 500만 명 이상 증가했다. 같은 시기에 사회적 서비스를 개선하거나 그러한 대량 이주를 수용하는 데 필요한 기반 시설을 확충하는 일은 거의 이뤄지지 않았다. 로마, 토리노, 밀라노 그리고 나폴리는 너무나 급격하게 성장해서 많은 이들이 인간다운 삶에 부합하는 주거를 찾지 못했다. 사람들은 단칸방에서 잤고 판자촌이 퍼져 나갔으며, 점거자들이 빈 건물을 점거하는 일도 확산했다. 대략 1969년부터 1975년 사이 이탈리아의 점거자 수는 2만 명으로 추정됐다. 1977년 밀라노에서만 핵심 점거자들 2000명과 3만 5000명의 일시적인 참가자들이 약 50채의 건물을 점거했다."[215]

"이탈리아 동지들의 주택 점거와 임대료 파업"은 독일의 주택 점거자들에게도 영감을 줬다. 1960년대 독일에서는 토지 투기를 향한 대중의 불만이 쌓이고 있었다. 앞서 보았듯 당시 집권당이었던 기독교민주당/기독교사회당이 1960년 6월 23일 제정한 '주택 통제 경제의 폐지와 사회적 임차법·주택법에 관한 법률'은 주택의 수급 조절에 대한 공적인 통제를 폐지하고, 주택 임차료를 자유화하며, 주택 임차인에 대한 해약 고지 보호를 약화한다는 내용을 담고 있었다. 독일의 도시들은 2차 대전으로 큰 손상을 입었고, 패전 이후 주택 부족 사태는 아주 심각했다. 이 문제를 해결하기 위해 독일 정부는 1950년대 내내 주택 통제 경제를 유지했다. 이후 '라인 강의 기적'이라 불리는 경제 부흥을 빌미로, 임차인 보호를 주된 내용으로 한 주택 통제 경제를 폐지한 것이 위의 법률이었다.

일명 뤼케법이라고 불린 이 법률의 부정적 효과는 1960년대 중반 이래 분명해졌다. 토지(부동산) 투기꾼은 당시 독일의 정치·경제적 위기 국면에서 부정의 아이콘으로 통했다. 그런데도 정치권은 적극적 조치를 취하지 않았으며, 토지 소유자들에 대한 조세 특례는 지속됐다.[216] 1969년에 수상에 취임한 빌리 브란트가 토지 개혁의 서곡을 울리고 있었지만, 도시민들은 자신들의 방식으로 도시에 대한 권리를 주장하기 시작했다. 그 결과 1970년대 초에 활동가들은 뮌헨, 쾰른, 함부르크와 괴팅겐, 서베를린에서 첫 번째 점거를 조직할 수 있었다.[217]

1970년대 전반기 점거 투쟁에서 특히 주목할 도시는 프랑크푸르트였다.[218] 2차 대전 패전 후 프랑크푸르트는 베를린을 대신해 서독의 수도 기능을 상당 부분 떠안았다. 특히 경제적 관점에서 프랑크푸르트의 중요성이 커지면서 도시 개발에 대한 수요가 커졌다. 도시의 확장은 19세기 말에 지어진 서쪽 끝(베스트엔트) 주택 단지의 재개발을 부추겼다.[219]

1970년 9월 19일, 프랑크푸르트의 몇몇 대학생들과 이민자들이 철거를 앞둔 베스트엔트의 빈집을 점거했다. 이들은 1908년에 지어진 유겐트슈틸(아르누보) 풍의 고급 빌라에 의도적으로 '침입'해 바리케이드를 쳤다. 그들은 이 건물을 헐고 고층 사무 빌딩을 지으려는 부동산 투자자에 맞서 싸웠다.[220] 이 '투자자'에게는 뒷배가 있었다. 바로 사회민주당 시 정부였다. 그들은 '자동차에 최적화된 도시autogerechte Stadt'를 만들려고 했다.[221] 정치가와 도시 계획가들은 도심을 투자자들에게 매력적인 곳으로 만드는 일에 골몰했다.[222] 이에 맞선 주택 점거는 도시 중심 지구가 기업가적 결정과 프로젝트에 의해 급격히 변모하는 데 대한 광범위한 두려움을 새롭고 분명한 방식으로 표현하고 상징화한 행동으로 평가됐다.[223] 프랑크푸르트에서는 1973년 초까지 모두 17채의 주택이 점거됐으며, 그 중 베스트엔트 지구의 점거는 1970년대 중반까지 '토지 투기꾼'을 둘러싼 논쟁의 계기를 제공했다.[224]

한편, 프랑크푸르트의 점거 투쟁이 소강 국면에 접어들자, 1970년대 중후반 이후에는 운동의 소멸을 점치는 목소리가 나오기 시작했다. 좌파 주택 정책을 위해 싸웠던 어떤 이는

"1973~1974년을 기점으로 주택 점거는 점진적으로 그 정치적 의미를 상실했다"고 말했다. 그는 "현 상태의 보존"이라는 방어적 내용으로는 주거와 생활 조건의 개선을 원하는 대중들을 장기적으로 동원하기 어려울 것이라고 내다봤다.[225] 그러나 이런 그의 전망은 몇 년도 안 돼 현실에서 뒤집혔다.

1980년부터 독일에서는 점거 운동의 새로운 물결이 밀려왔고, 프랑크푸르트에서의 투쟁은 마치 전초전과 같은 양상이 됐다. 전국적 주목을 받은 투쟁이 쾰른, 뒤셀도르프, 슈트트가르트, 뉘른베르크, 괴팅겐, 그리고 재차 함부르크에서 발생했지만, 이 새로운 흐름의 중심지는 누가 뭐래도 서베를린, 그것도 크로이츠베르크였다. 서베를린에서는 1979년 가을에서 1982년 봄까지 적어도 239채의 주택을 대상으로 한 265건의 주택 점거 행동이 감행됐으며, 대략 160~170채가 실제로 점거됐다. 경찰은 이들 건물에서 총 3106명의 신원을 확인했다. 그러나 확인되지 않은 점거자의 수는 더 많을 것으로 추정된다. 점거자 수는 일시적으로 1만 명에 달하기도 했다. 여기에 주택 밖에서 적극적으로 동조했던 사람들까지 합치면 그 수는 2만 명에 달한다.[226]

점거된 주택의 규모와 점거에 참여한 사람들 수만 놓고 베를린에 주목하는 것은 결코 아니다.[227] 베를린-크로이츠베르크에서의 주택 점거는 금융 메트로폴리스인 프랑크푸르트에서의 그것과는 그 동기를 달리했다. 베를린에서는 '낡은' 주택을 빈집으로 방치하다가, 철거 후 사무실 전용 건물을 짓는 식의 투기적 개발은 그렇게 많지 않았다. 당시 동독 지역 한가운데 위치했던 서베를린은 경제적 투자의 관점에서 볼 때 여타의 메트로폴리스와는 상황이 완전히 달랐기 때문이다.[228] 오히려 도시 개발 자체가 충분한 공적 보조금이 지원돼야 가능한 상황에서, 크로이츠베르크 지구의 개발은, 정부 주도하에, 튀르키예계 외국인 노동자, 반항적인 젊은이와 예술가, 가난한 사람들이 주류인 구역을 재차 독일인 중심의 '건전한' 중산층 마을로 만드는 '재개발'을 중심으로 진행됐다.[229]

이 재개발은 프랑크푸르트에서처럼 (전면) 철거 및 신축 프로젝트 형태가 아니라 구옥의 임대 주택을 정비하고 대수선하는, 그러면서도 오래된 거리의 모습은 보전하는 식으로 진행됐다. 말 그대로 개축이었다. 이런 재개발은 오늘날 우리가 젠트리피케이션이라 부르는 도시의 변화를 가져올 것이었기 때문에, 주택 점거자들은 이러한 투기적 행위를 반대한다는 주장과 함께 '애써 가꾼 소중한 마을 공동체의 몰락'에 반대한다는 구호를 내걸었다. 그들은 지역·지구의 재정비가 임대료 상승과 저소득 임차인의 축출로 이어질 것이라고 보고, '토착의 생활 환경' 혹은 '토착의 사회 구조'를 보존하는 것이 투쟁의 목표가 돼야 함을 분명히 했다.[230] 대다수가 세입자인 베를린의 주민들이 '불법적'인 주택 점거 행위를 압도적으로 지지한 것은 위와 같은 운동의 방향성과 무관하지 않다. 1981년의 한 조사에 의하면, 서베를린 주민 82퍼센트가 불법 빈집 점거를 지지했다. 서독 주민 전체로 따지면 이 비율은 62퍼센트였다.[231] 이것도 높은 비율인데, 서베를린 주민의 빈집 점거 지지는 압도적이었다.

토착의 생활 환경 혹은 사회 구조의 보존이라는 투쟁 목표를 실천하기 위해 베를린-크로이츠베르크의 주택 점거자들이 선택한 수단 중에 하나가 바로 수리 점거 혹은 수복적 점거Instandbesetzung였다. 수리 점거란 (투기적) 소유권자가 개발 이익의 상승을 노리고 그냥 방치한 집을 점거자들이 고쳐 가면서 점거 행위를 계속하는 것을 말한다. 주택을 점거Besetzung하면서 수리 노동Instandsetzungsarbeit을 이어가므로, 이 두 행위를 결합한 신조어로 수리 점거라는 말이 만들어졌다.[232]

네덜란드의 사회학자 한스 프루이지트는 주택 점거, 20세기 후반기의 스쾃을 다섯 유형으로 구분한다. 이들의 교집합도 가능하다. ① 무주택과 주택 부족에 대한 대응으로서의 스쾃, ② 대안적 생활 형식·방식으로서의 스쾃, ③ 대안적 사업 운영 및 사회적 만남의 장소로 공간을 사용하는 '기업가적' 스쾃, ④ 건물의 유지를 목적으로 하는 스쾃, 마지막으로 ⑤ 사회 질서의 극복을 위한 전투적 전략의 한 부분으로서의 스쾃

이 그것이다.[233] 1980년대 서베를린의 주택 점거에서는 이 다섯 유형 모두가 나타났는데, 수리 점거는 이 중에서도 ①~④ 유형에 속한다. 이런 여러 유형의 주택 점거자들은 각기 다른 목표와 전략을 추구하면서 합치고 헤어졌다.[234]

점거자들의 면면은 무지개색이었다. 그 스펙트럼은 노동자 계급 출신의 록가수에서 페미니스트까지, 튀르키예 출신 이민자에서 노인까지, 학생에서 미혼모까지, '새로 태어난' 기독교인에서 이데올로기적 아나키스트들까지 다양했다. 그들은 다수가 학생인 신좌파처럼 자기 규정적 집합체collectivity라기보다는 각양각색의 무리collection였다. 그들 중에는 수동적 비폭력, 대규모 교육 프로젝트, 공동체 생활, 모든 삶에서의 조화롭고 자유로운 감수성의 개발을 지향했던 긴 머리의 생태 지향적 활동가들도 있었고, 이들보다 더 과격하고 전투적인 사람들도 있었다.[235] 점거자들은 마치 "반항적인 갈리아 사람들의 다채로운 무리"처럼 결코 단일한 대오가 아니었다.[236]

주택 점거 현장에서는 수많은 이야기가 오갔다. 시 정부와 협상해야 할지의 문제, 사안별 해결을 추구해야 하는지 아니면 모든 점거 주택 문제를 한꺼번에 해결해야 하는지의 문제, 지원 프로그램에서 나오는 돈을 받아야 하는지의 문제가 논의됐다. 주택 점거를 주거 및 생활 관계를 바꾸는 데 복무하는 수단으로 쓸 것인지 아니면 '체제'에 대항하는 투쟁을

위한 출발점으로 삼아야 하는지 등의 문제를 둘러싸고 갈등이 폭발하기도 했다.[237]

　　1980년 12월의 역사적인 크로이츠베르크 점거 이후 당시 여당인 베를린 사회민주당은 주택 점거를 수인受忍한다는 노선을 취했지만, 경찰과 사법의 대응은 상대적으로 강경했다. 당연히 이들의 억압적 태도에 점거자들은 강력하게 저항했고, 이것이 사회민주당 시 정부를 정치적 위기에 빠뜨렸다.[238] 이에 시 정부는 최소한의 임대료를 내는 조건으로 점거자들의 점거 주택 생활을 용인하는 타협안을 제안했다. 보수주의자들은 이것이 빈 건물의 '불법 점거'를 용인하는 것이라며 사회민주당을 격렬히 비난했다. 반면, 점거자 내부에서는 이를 체제에 투항하게 만드는 시도로 보는 측과 자신들의 개별적 주택 문제에 대한 단기적 해결 기회로 보는 측 사이에 몇 번의 격렬한 논쟁이 발생했다.[239] 1981년에는 연방 정부 차원에서도 이러한 합법화 시도가 전술적 차원에서 진지하게 논의되기 시작했다. 즉 베를린, 함부르크와 같은 대도시의 점거 주택을 합법화함으로써 정부는 운동의 중심을 흩트리고 현존 질서와 싸운다는 투쟁 감각을 제거하려고 했다. 당연히 합법화를 반대하는 측은 이러한 제안의 의도를 간파했다. 그들은 합법화를 억압적 질서에 맞서 일상적 저항을 실천하며 살던 사람들을 갑자기 — 낮은 임대료의 집뿐만 아니라 집 수

리 비용까지 대주는 ― '빅 브라더'의 손님으로 바꾸는 것을 의미한다고 봤다.[240]

한편, 낡은 건물을 수리해서 사용하려 했던 사람들이 모두 주택 점거자는 아니었다. 주거 공간을 합법적으로 임대 혹은 점유한 사람 중에도 수리 점거자들과 비슷한 생각을 하는 이들이 있었다. 이들을 자력 구제자Selbsthelfer라 한다. 비록 법률적 조건은 달랐으나 이들 모두는 크로이츠베르크와 같은 대안적 환경에서 살면서, 시 정부의 '관료주의적' 도시 계획에 맞서 자력으로 낡은 주택을 완전히 고치거나 부분 수리하려고 했다. 주택 점거자 중에는 이후 시 정부와 정식 임대차 계약을 체결하여 합법적으로 주거권을 보장받은 이들도 생겨났으므로 나중에는 주택 점거자인지, 자력 구제자인지의 문제는 그렇게 중요하지 않았다.[241]

폭력의 사용 문제는 점거자들 내부에서도 매우 논쟁적인 주제였다. 미디어와 정치가 중 일부는 주택 점거자들을 폭력적이며 테러 그룹에 가까운 사람들로 낙인찍고 그들의 정당성을 부정하려고 했지만, 급진적인 점거자들은 오히려 소수였다.[242]

폭력의 사용 문제보다 더 중요한 것은 주택 점거가 추구한 목표였다. 예컨대 다른 유럽 국가와는 달리, 영국의 주택 점거자 다수는 주택 시장 및 주택 정책의 본질에 의문을 제기하지 않았다. 그들의 주류적 관심사는 무주택자들의 구체적인 어려움을 해결하는 것이었다. 영국에서 이 운동은 유럽 대륙의 대안적-학생 운동적 투쟁과 비교할 때 부르주아적 특성이 상대적으로 강했다.[243] 반면, 베를린-크로이츠베르크에서 주택 점거자들은 집단적인 자기 실험이라는 의미에서의 주거 '프로젝트'를 진행하고자 했다. 이 프로젝트는 값싼 주거 공간의 확보만이 아니라 주거 공동체 및 도시 공동체에서의 공동생활을 만드는 것을 중요시했다. 또한, 도시 공동체는 토착의 사회 구조와 이민자, 홈리스 혹은 정신 장애인과 같은 사회의 소수 집단을 통합할 수 있어야 한다고 봤다. 이것은 수리 점거자와 자력 구제자 모두가 공유하는 도시 투쟁의 목표였다.[244] 르페브르식으로 말하자면, 19세기 말 이래 그 고유한 가치가 상실된, 도시에서 거주한다는 것, 산다는 것의 의의를 적극적으로 주장한 셈이다.

이러한 투쟁 방향은 베를린시 정부를 압박해 베를린 주택 정책의 변화에도 영향을 주었을 뿐만 아니라, 주민-지구 유지 구역 제도의 실행을 강제하는 뒷배가 됐다. 신중한 도시 재생, 즉 폭력적 철거를 단념하고, '지금 여기 거주하는 주민의 이해와 욕구를 반영하고, 주민과 함께 구상하고 실행하는' 도시 재생 계획이라는 원칙이 크로이츠베르크를 거점으로 수립될 수 있었던 것도 주택 점거 투쟁, 특히 수리 점거 투쟁을 빼놓고는 설명하기 어렵다.

1970년대 프랑크푸르트 주택 점거 투쟁에 참여한 요쉬카 피셔(녹색당 출신으로 1998~2005년 독일 연방 공화국 외무부 장관을 역임했다)는 이렇게 말했다. "우리는 사회주의를 기약 없는 미래로 밀쳐 두지 않고, 지금 이곳에서 지배자에게 복종하지 않는 삶의 형식을 발전시키려고 노력했다."[245] 베를린-크로이츠베르크에서의 투쟁은 위와 같은 결심과 다짐을 어느 한순간에 끝내지 않고, 긴 시간에 걸쳐 일상적으로 실천했다. 이 점이 베를린에서의 '도시에 대한 권리' 투쟁, 크로이츠베르크에서의 주택 점거 투쟁을 특별한 것으로 만들었다.

주택 점거는 불법인가?

필자가 독일과 유럽에서의 주택 점거 투쟁을 우호적으로 설명할 때면 다수의 '법조인'들은 그와 같은 불법적인 행동을 '법학자'가 지지하는 것을 이해할 수 없다는 반응을 보인다. 그러나 이렇게만 접근하면, 독일 정부의 '합법화 전술'을 이해할 수 없으며, 주택 위기에 대처하는 정치 투쟁은 헌법적 상상력을 발휘할 수 없다.

사람들은 항상 체계화된 생각을 선호하고, 그 체계에 따라 무언가를 판단하려고 한다. 르페브르는 이 체계들을 깨부수려고 했다. 다만, 그것을 분쇄하고자 한 이유는 하나의 체계를 또 다른 체계로 대체하기 위해서가 아니었다. 그가 관심을 가진 것은 가능성을 모색하는 사유와 행동에 '문을 열어 주기'였다. 왜냐하면 체계는 사유를 봉쇄하고 새로운 가능성에 문을 닫아 버리는 경향성을 갖고 있기 때문이다.[246]

독일에서 주택이 불법 점거됐을 때 대도시 경찰은 이를 쉽게 진압하지 못했다. 반면, 운동의 거점이 작은 소도시나 소읍에서는 결코 이러한 관용이 허용되지 않았다. 점거자들은 곧바로 경찰에 의해 강제 퇴거당했다.[247] 합법과 불법의 문제를 '이것이냐 저것이냐'의 문제로만 접근해서는 이런 사태를 이해할 수도, 설명할 수도 없다.

영국은 주택 점거에 대한 대응에서 상대적으로 자유주의적인 법률이 통용되는 나라이며, 네덜란드식 관용은 1980년대 이후 상황이 주택 점거자들에게 불리하게 바뀌었을 때, 법적 처벌과 보복적인 폭력이라는 새로운 칼날로 벼려졌다.[248] 법(제도)의 설계와 운용은 시대, 국가, 주택 점거에 대한 대중의 지지에 따라 달라질 수 있다.

예컨대 미국인들은 함부르크의 '하펜슈트라세'가 어떻게 경찰에 저항할 수 있었는지 이해하기 어렵다. 같은 시기 (1985년 5월 13일)에 경찰은 필라델피아의 유사 집단인 MOVE, 그리고 그들이 살았던 동네 전체를 대량의 소이탄으로 쓸어 버렸다는 사실, 그리고 미국에서 점거자들은 압도적인 경찰력에 의해 일상적으로 잔인하게 축출되고 있다는 사실을 지적해 둘 필요가 있겠다. 그래서 불행하게도, (필요하다면) '격렬한 물리력의 사용deadly force'도 정당화된다고 생각하는 '분별력 있는 마음delicate nature' 같은 것을 미국에서는 찾아보기 어렵다.[249]

　　물론 미국도 언제나 그랬던 것은 아니다. "대공황기에는 매년 벌어지는 강제 퇴거에 직면했던 빈민 가정의 수가 지금에 비하면 새 발의 피였는데도 퇴거가 일어나며 폭동이 발생할 정도였다. 이웃들은 판사의 명령에도 불구하고 퇴거의 대상이 된 가정이 원래 살던 곳으로 들어오도록 돕거나 이들의 가구를 깔고 앉아 퇴거에 저항하다가 직접 집행관들과 맞붙기도 했다."[250] "대중 저항은 사람들이 자신에게 변화를 일으킬 집단 역량이 있다고 믿을 때만 가능하다."[251] 미국에서 그런 믿음은 1980년대 이후 상당 부분 사라진 것으로 보인다.

　　다시 주택 점거, 특히 빈집 점거와 관련한 법률문제로 돌아와 보자. 영국과 웨일스의 경우에는 2012년 전까지 빈집 혹은 이용하지 않는 주택을 점거해도 형사상 처벌되지는 않았고, 민사상의 문제만 생기는 걸로 돼있었다. 또한 비주거용 부동산의 점거는 여전히 민사 문제로만 다뤄진다.[252] 1970년대 중반 이래 강화되고, 2012년에 완전히 억압적으로 바뀌기 전, 주택 점거 관련 영국 법제는 비교적 자유주의적이었다. 이런 영국 법제는 주택 점거를 형법이 아닌 민법의 문제로 다뤘으며 주택 점거자들을 강제 퇴거로부터 보호했던 '1381년 강제 침입법1381 Forcible Entry Act'에 그 기원을 두고 있다.[253]

네덜란드의 경우, 주택 점거는 특정한 조건이 충족되면 수인됐다. 예컨대 점거된 주택이 최소한 1년 이상 빈집 상태를 유지했으며, 소유주가 해당 주택을 조만간 사용하거나 임대할 예정임을 입증하지 못하면 점거가 가능했다. 1년 이상 빈집 상태로 두면 합법적 점거가 가능했다는 말은, 네덜란드법이 주택의 소유권보다도 집의 사용을 더 두텁게 보호했다는 의미다.[254] 1968년과 1981년 사이에 암스테르담에서만 1만 채가 넘는 주택과 아파트가 점거됐으며, 네덜란드의 나머지 지역에서 추가로 1만 5000채의 주택 및 아파트가 점거자들kraakers에 의해 접수됐다.[255] 그러다가 1994년에 1년 미만의 빈집을 점거하면 형사 처벌하는 것으로 법이 개정됐고, 2010년 1월 1일 이후로는 모든 주택 점거를 금지하는 법률이 시행됐다.[256]

독일에서도 각 주의 법률 혹은 게마인데의 조례에 따르면, 대체로 소유자가 3개월 이상 주택을 빈집 상태로 두는 경우, 특별한 허가를 받지 않는 한, 그러한 방치 자체가 '위법'이 된다.[257] 다만, 이런 경우라 하더라도 빈집을 점거하면 형사 처벌의 대상이 되는지는 논쟁이 된다. 지배적 견해는 이를 긍정한다.[258] 대표적인 주석서는 이 부분을 다음과 같이 설명한다.

"따라서 이른바 '수리 점거'도 주거 침입죄에 해당한다. 기본
법 제14조 제2항은 이러한 판단에 영향을 주지 않는다. 동 조
항은 (주택의 전용 금지와 같은–필자 추가) 관련 법적 조치의
근거가 될 수는 있지만, 법으로부터 자유로운 공간을 만들고,
형법 제123조에 열거된 목적물을 아무나 제멋대로 취할 수
있게끔 하는 데 이용될 수는 없다. 만약 후자가 가능하다면 이
는 재산권 질서에 엄청난 결과를 초래하게 될 것이다."[259]

점거자들은 자신의 능력에 맞는 집을 구하지 못해 힘들
어하는 사람들이 즐비한 상황에서 집주인이 자기 소유의 집
을 오랜 시간 빈집으로 방치해 소실되게 만드는 것은 재산권
의 사회적 구속(기본법 제14조 제2항)에 반한다고 주장한다. 그
러나 형법 주석서들은 이런 반론을 수용하지 않는다. 아울러,
주택 점거는 공적 주체의 의무(예컨대 청소년 센터를 만들어 점
거자들과 같은 '청소년들'이 유익한 여가 활동을 할 수 있는 공간을
제공하는 것)를 대중에게 환기하는 사회적으로 정당한 수단이
라는 논거도 배척한다. 주택 점거는 주택 문제의 심각성을
'시위'하기 위한 긴급 피난 행위(독일 형법 제34조)라는 주장에
대해서도, 세입자들이 겪는 곤궁은 우월한 법익으로 주장될

수 있는 구체적 위험에 해당하지 않는다고 하면서 기각한다. 점거자들이 그들의 행위를 시민 불복종이라고 주장하면, 시민 불복종은 법 위반을 전제로 하므로 이것도 또한 받아들일 수 없다고 한다. 그래서 현행법상 가능한 해석은 양형상 고려, 형 유보로서의 경고(독일 형법 제59조), 혹은 '편의주의'(재량)에 따른 형사 절차의 중단뿐이라고 한다.[260]

그러나 이런 주류적 해석에 대항하는 학설과 실무도 존재한다. 초기에 독일 법원은 빈집 점거는 집회의 자유를 행사하는 과정에서 이뤄진 경우에도 정당화되지 못한다고 보았는데, 이러한 실무는 대체로 지지받고 있었다. 그러다가 1980년의 베를린-크로이츠베르크 투쟁 이후 이를 비판하는 학설, 판결, 공론이 등장했다. 주택 점거자들을 주거 침입자로 무조건 '범죄화'하는 것은 정치적으로 위험할 뿐만 아니라 법 해석학 측면에서도 오류라는 것이다. 이들은 점유자 혹은 소유자가 의도적으로 빈집으로 방치한 공간은 형법상 주거 침입죄의 보호 법익, 보호 객체인 '울타리가 쳐진 토지', 즉 위요지圍繞地가 되지 않으며, 이 경우 주택 점거와 관련한 법적 문제는 형법이 아니라 민사법적으로 해결해야 할 문제로 봤다.[261]

예컨대 뷔케부르크 구법원 판사인 귄터 빌케는 주거 침입죄의 혐의를 받고 있는 주택 점거자들의 인적 사항 확인에 필요한 수색 영장 발급을 거부했다. 이것을 '뷔케부르크 노선

Buckeburger Linie'이라고 한다. 이 결정은 뷔케부르크 지방법원의 소년부에 의해 파기됐지만, 그 내용은 다음과 같았다.

"점거자들은 ─ 지금까지의 조사에 의하면 ─ 울타리가 쳐진 토지에 침입한 것이 아니다. (⋯) 빈집이 흔히 그렇듯이, 문과 창문은 부서져 있었고, 따라서 앞마당을 거치지 않고도 바로 거리에서 해당 집으로 자유롭게 접근할 수 있어서, 해당 주택은 울타리가 쳐진 토지라는 법적 성격을 상실했다. (⋯) 나아가, 사용하지 않는 주택의 점거는 형법 규정의 보호 목적에 의해 포착되는 행위가 아니다. 보호돼야 하는 것은, 그것이 지금껏 사적으로 이용된 주거 공간인 한에서, 공간적으로 구분되는 사적 영역이다. (⋯) 이용되지 않는 주택에는 사적 영역이 존재하지 않는다."[262]

1981년의 이 결정 이후 본안本案에서 주거 침입죄에 대한 무죄 판결 혹은 본안 절차 개시 중지 결정이 다수 내려졌다. 예컨대 뮌스터 구법원 자비네 슈타히비츠 판사의 무죄 판결은 동일한 사안에 대한 동 법원 타 재판부의 유죄 판결과 대비됐다. 유죄 판결들은 기존의 주류적 해석을 신중하게 재검토해 보려는 그 어떤 시도도 하지 않았다. 유죄 판결은 특정 행위가 어떠한 범죄 구성 요건에 해당하는지를 명확히 밝히지 않거나, 점거된 장소가 객관적 구성 요건 표지들, 예컨대 주거용 집, 사무 공간, 위요지, 공공 공간 중 어디에 해당하는지도 언급하지 않았다. 유죄 판결을 내린 판사들은 세입자를 내쫓는 투기적인 주거 공간 파괴 혹은 잘못된 도시 계획에 의한 주거 공간 파괴가 초래하는 사회적 부정의에 눈감았다.[263]

주거권이 아니라 소유권 보호를 제1의 원칙으로 생각하는 대다수의 판사는 '남'의 주택을 점거하는 행위는, 그 점거 대상이 (1년 이상) 투기의 의도로 방치한 빈집이든 아니든, 곧바로 사적 소유권을 침해하는 범죄가 된다는 심증을 굳힌다. 그러나 슈타히비츠 판사에게 그런 논리는 의심의 대상이었다. 그는 마우라흐-슈뢰더[264]의 형법 교과서를 인용하면서, 독일 형법 제123조가 보호하는 법익이 "재산권 그 자체가 아니라, 인신의 자유의 중요 부분인 '특정한 사람과 관련된 가택권personenbezogenes Hausrecht'"이므로, "위요지"라는 개념 표지도 바로 "이 법익"에 맞춰 판단해야 한다고 설시했다.[265] 그는 주거 침입죄의 보호 법익을 생각하며, 행위의 형법적 가벌성의 근거를 진지하게 되물음으로써 주택 점거 운동의 정당성을 지지할 수 있는 사법적 판단을 내놨다.[266]

도시에 대한 권리에서 중요한 것은 소유의 권리가 아니라 사용의 권리다. 이런 생각과 행동을 국가와 자치 행정 당국이 주거 침입죄 등으로 단죄하려고 했을 때, 슈타히비츠 판사와 같은 소수 견해는 용감하게 '낡은 도그마틱'에 도전하는 방식으로, '주거 침입죄 무죄'를 논증하려고 했다. 1970년대와 1980년대 독일의 사회 운동에 공감한 이들의 무죄 판결은 당시에도 주류적 해석과는 거리가 멀었지만, 소유권 질서의 굳건한 수호에 자신의 역할을 가두는 법률가 상像에 이의를 제기하고 있다는 점에서 여전히 소중한 선례가 된다.

독일 형법의 주류적 이론과 실무가 주택 점거 행위를 주거 침입죄로 엄격하게 처벌하는 가운데 나온 이러한 해석이 용산 참사와 같은 도시 재난이 발생해도 소유권 질서에 대한 도전을 철저히 실정법 물신주의의 관점에서 단죄하는 한국의 판사들에게 하나의 '각성'이 될 수 있을까? 분명한 것은 위와 같은 '논쟁' 과정을 거쳐 왔기에 베를린 시민들은 도시 문제, 주택 문제를 오로지 사적 소유권을 중심에 놓고 사유하는 태도를 비판적으로 성찰할 수 있었다는 사실이다. "사적 소유권과 그 가치관을 신자유주의적으로 보호하는 것이 정치의 헤게모니적 형태가 된"[267] 이 시대에 이러한 '대항 헤게모니'는 주택 사회화 운동이라는 헌법 투쟁과 법률 투쟁에도 중요한 이데올로기적 기반이 된다.

모두의 도시를 위한 국민 표결

암스테르담에서 주거 점거에 관한 자유주의적 법률이 폐지된 이후 어떤 일이 벌어졌는가? 베를린에서와 마찬가지로 임대료 폭등이 일어났다. 시민들이 저항하지 않으면 관료들이 도시 정치를 좌지우지해 버린다. 도시민들이 도시 정부를 압박하고, 나아가 중앙 정부를 움직이지 못하면 주택 시장에서의 규제는 작동하지 않고 투기 자본이 날뛴다. 민중의 운동이 멈추면 자본이 운동을 개시한다. 이것은 어디에서나 철칙이다.

1980년대 정점에 달한 베를린의 주택 점거 운동은 관료와 자본이 결탁한 불도저식 도시 재개발에 저항했다. 이를 통해 신중한 도시 재개발이라는 원칙도 이끌어 냈다. 그러나 1990년 독일 통일 이후 베를린이 다시 독일 연방의 수도가 된 이래,[268] 베를린의 주거 사정을 지배한 것은 재차 주택의 시장화, 금융화였다.[269] 베를린에는 엄청난 공적 자금이 투하됐고, 10여 년의 수도 재개발이 진행된 2000년대 중반에 도시 정비는 이미 상당 수준에 도달했다. 도시의 외형을 위해 많은 돈을 쏟아붓는 만큼, 도시 내부의 생존을 배려할 재정은 부족했다. 공영 주택은 매각됐고, 부동산 투자는 본격화했다. 부동산 투기 자본은 말한다. '얼마나 멋지고 아름다운 도시인가. 여기에 투자하지 않을 이유가 어디 있는가?' 기후 변화 대처라는 그럴듯한 명분 아래 주택을 '현대화＝대수선'하고 이것을 근거로 임대료를 올릴 수 있는 합법적인 수단도 주어졌으니 금상첨화다. 주택 거래 가격과 월세가 폭등했다. 원주민들은 살던 곳에서 축출되고 관광객의 눈에만 흡한 가로가 늘어났다. 자유와 연대의 가난한 마을은 관광객이 몰리는 부자들의 도시로 변모 중이다.

이에 저항하려면 개별 주택의 점거와 같은 분산적 투쟁에서 도시 전체를 대상으로 삼는 새로운 제도 투쟁이 필요했다. 거대 주택 임대 회사의 주택을 재사회화해 이를 거주자 공동체가 중심이 돼 관리하자는 운동은 이러한 배경 아래 등장했다. "도이체보넨과 같은 주택 임대 회사의 주택을 수용하자 Deutsche Wohnen & Co. enteignen"[270]는 슬로건을 내건 베를린의 주택 사회화 운동은 민영화, 탈사회화의 광풍이 불었던 통일 이후의 지난 30년을 반성하며, '거주한다는 것'의 사회적 성격을 주택 정책의 주요 의제로 제시했다. 구체적으로 이 운동은 도이체보넨과 같은 거대 주택 임대 회사가 보유한 대략 25만 호의 주택을 재사회화하자고 주장했다.

이 수치는 어떻게 나온 것일까? 2019년 현재 베를린 내에서 3000호 이상을 보유한 민간 주택 임대 회사는 11개 정도로 추산된다. 도이체보넨(2021년 6월에 보노비아에 합병됨), 보노비아, 아켈리우스가 3대 민간 주택 회사이고, 그 외에, 놀라운 수익률을 올리고 있는 그랜드시티프로퍼티즈 등이 있다.[271] 이들 기업이 베를린에서 보유하고 있는 임대 주택을 전부 사회화하면 대략 24만 호 정도가 된다.[272] 이 수치는 독일 통일 이후 베를린시 당국이 민간에 넘긴 주택 수와 거의 일치한다. 그러므로 이 운동의 목표가 자의적으로 설정된 것이 아님을 알 수 있다. 20여만 호 주택의 사회화를 시민들이 들고 나오자, 반대 진영은 '바보야 집을 더 지으면 돼. 한 25만 호 더 짓자'고 반박했다. 그러나 문제의 본질을 직시하지 않고 공급으로만 사태를 해결할 수 있을까? 그런다고 현재의 주택난이 해결될 리가 만무하다. 이런 사실을 누구보다도 뼈아프게 경험해 온 이들이 바로 한국인이다.

베를린의 주택 사회화 운동을 제대로 이해하려면 우선 용어 정리부터 해야 한다. 이 운동을 보도하는 한국의 언론들은 거의 예외 없이 이 운동을 주택 몰수 운동이라고 소개한다. 그러나 몰수가 아니고 사회화다.[273] 몰수는 범죄 행위에 사용했거나 범죄 행위로써 취득한 물건의 소유권을 범인으로부터 강제로 빼앗아 국가의 소유로 옮기는 것을 말한다(형법 제48조 참조). 이 개념을 형법이 아니라 공법(헌법, 행정법)적으로 이해하면 무상無償 수용이 된다. 그런데 현행 독일 기본법은 무상 수용을 인정하지 않는다.

1919년 바이마르 헌법 제정 이전에 공산당(좌파)과 사회민주당 내의 다수파(우파) 사이에 벌어진 생산 수단의 사회화 논쟁에서 각 진영은 사회화를 각각 'Vergesellschaftung'과 'Sozialisierung'으로 표기했다. 전자는 자본주의의 경제적 기초를 분쇄한다는 혁명적 내용이 담긴 말로서 생산 수단의 사회화, 즉 보상이 없는 무상 수용을 의미했다. 반면, 후자는 개량주의적 관점에서, 의회가 제정한 법률을 통한 유상의 사회화, 즉 상당 보상을 전제로 한 유상 수용을 의미했다. 정치 권력을 장악하는 데 성공한 '우파'는 결국 자신들의 견해를 관철하는데, 이 과정에서 자신들의 용어인 Sozialisierung도 Vergesellschaftung으로 바꾸었다. 따라서 바이마르 헌법 제 156조가 Vergesellschaftung이라는 용어를 사용하고 있다고 하더라도, 그 내용은 본래의 것과는 이미 거리가 먼 것이었다.[274]

현재의 주택 사회화 운동은 바이마르 헌법 제156조를 계승한 현행 독일 기본법 제15조에 근거해 전개되고 있으므로 무상 수용, 즉 몰수와 전혀 관련이 없다. 외국 제도를 소개할 때에는 용어 하나의 번역에도 유의해야 한다. 특히 헌법상의 재산권 부분에 대한 사회 국가적 이해가 부족한 한국 사회에 독일의 제도를 소개할 때는 더욱 그러해야 한다. 베를린의 주택 사회화 투쟁을 주택 몰수 운동이라고 번역하면 한국에서는 당장 "사회주의 하자는 것이냐"라는 반응이 나올 것이다.

주택 사회화를 위해 베를린 시민들이 선택했던 수단은 국민 표결Volksentscheid이었다. 이 'Volksentscheid'는 어떻게 번역해야 할까? 한국 언론은 예외 없이 이를 주민 투표로 번역했다. 그러나 이것은 '주민' 투표가 결코 아니다. 주민 투표는 지방 자치상의 쟁점을 주민이 투표로 결정하는 것이다. 주민 투표로 주택 사회화와 같은 국가의 중요한 정책을 '결단'할 수 없다. 재산권 질서에 아주 중대한 변화를 초래할 법률의 제정, 정책의 추진을 주민 투표로 정할 수는 없다는 뜻이다.

반면 주권자인 국민은 비상非常 입법자로서 중요한 정책이나 법률안에 대해 결단할 수 있다. 베를린은 함부르크와 브레멘처럼 도시 주州다. 베를린이 주라는 것은 베를린이 하나의 독립된 국가라는 의미다. 그래서 베를린에는 베를린 헌법이 있다. 그 베를린이라는 '나라'의 '국민들'이, 의회와 집행부 수장(경우에 따라서는 상원)이 견해 차이로 어떤 결단을 내리지 못할 때, 주권자의 지위에서 최종적으로 결단을 내리는 것이 바로 국민 표결이다. 따라서 이것을 주민 투표라 하는 것은 헌법적 결단을 주민 자치의 행정법적 차원으로 격하시키는 오류를 범하는 것이다. 국민das Volk의 의지와 결단을 이렇게 폄하하면 안 된다.

독일은 연방 차원의 직접 민주주의를 사실상 배척한다. 즉, 독일 기본법은 제29조에서 아주 예외적으로 직접 민주주의를 규율하고 나머지 부분은 공백으로 뒀다. 반면, 주 헌법 차원에서는 직접 민주주의가 규정돼 있다. 이 직접 민주주의의 수단으로 국민 투표가 각 주 헌법에 보장돼 있다. 국민 투표는 크게 국민 발의Volksinitiative, 국민 청구Volksbegehren, 국민 표결로 나뉜다.[275]

국민 발의라는 사전 절차를 거쳐 2019년 4월에 본격화한 '도이체보넨 사회화' 국민 표결 운동은 같은 해 9월 26일의 투표를 앞두고 이른바 '사회화법 초안'[276]까지 발표했다. 다만, 국민 표결의 대상은 이 법안 자체가 아니고, 시 정부가 의결해야 할 사항이었다. 즉, 주택 사회화를 위한 국민 표결의 투표 용지에는 아래와 같은 내용을 골자로 한 법률안을 시 정부가 만드는 것에 찬성하는지 여부를 묻는 질문이 담겨 있었다.

① 베를린 내의 3000호 이상의 주택을 보유한 모든 민간 주택 회사를 사회화한다. 단, 공공이 소유권을 갖는 기업, 사법인으로 돼있는 공영 주택 건설 조합, 세입자들이 집단적으로 소유하고 있는 주택은 예외로 한다.

② (새로 만들어질) 공기업(Anstalt des öffentlichen Rechts·AöR)이 이들 주택에 대한 공동 경제적, 비영리적 운영을 위한 행정을 책임진다.

③ 공동 소유가 된 이들 주택을 공기업 직원, 세입자 및 시영 회사의 다수결 및 민주주의적 참여하에 관리·운영한다.

④ 주택을 관리할 공기업의 정관에 재사유화 금지를 명기한다.

⑤ 보유 주택이 사회화 대상이 된 기업에 대해서는 시장 가격보다 훨씬 낮은 가격으로 보상한다.

참으로 과감한 도전이다. 그러나 시가 보유한 주택을 시장에 내다 팔아 버린 과거의 잘못을 교정하려면 이 정도의 재공영화 조치는 필요하다. 그런데 이렇게 확보한 주택을 이번에는 선선히 관료들의 통제에 넘겨주지 않겠다고 한다. 세 번째 요구에서 르페브르가 말한 수평적 자주 관리의 이념을 읽어 낼 수 있다.

주택 사회화를 위한 이 5대 방침에서 드러나듯이 이 운동의 근거는 독일 기본법 제15조이다. 일부에서는 기본법 제14조 제3항의 수용 조항도 근거로 들고 있지만, 사회화 대상 주택(기업)에 대한 보상을 시장 가격 이하로 해야 한다는 두 번째 요구가 분명히 하고 있듯이, 운동의 헌법적 기초는 제14조 제3항이 아니라 제15조다. 사회 민주주의 전통을 가진 유럽의 여러 나라 헌법이 그러하듯이(대표적으로 포르투갈 헌법) 독일 기본법도 의식주의 기본적 인권을 보장하는 재산을 중심으로 재산권 일반을 규율하는 제14조와 별개로 생산 수단의 소유를 규율하는 제15조를 두고 있다.

재화의 생산이 공장에서의 다수 인간의 공동 작업에 의하여 행해지게 된 이래, 사적 소유가 생산 수단에 대한 물적 지배를 규제하는 적합한 수단인지가 심각하게 논의되기 시작했다. 천연자원에 대한 소유권도 마찬가지다. 배타적인 법형식인 소유권을 토지에도 인정해야 할 것인지를 논의한 것은 더 오래됐다. 모든 인간은 대지 위에서 생활해야 하는데, 그 대지가 사적 지배하에 놓인 곳이라면 자유로운 공동생활은 불가능하기 때문이다. 이런 이유에서 100년도 더 전부터 바로, 이들 생산 수단, 천연자원 및 토지에 대한 사적 소유를 공업적 생산, 지하자원의 이용, 대지 위에서의 생활이 갖는 사회적 성격을 고려하는 소유 형태로 대체해야 한다는 요구가 제기돼 왔다. 독일 헌법 제15조의 목적은 이들 영역에서의 소유제의 구조적인 변혁을 보상을 전제로 허용하는 것이다.[277] 조문을 인용해 보면 다음과 같다.

> "토지, 천연자원 및 생산 수단은 사회화의 목적을 위해 보상의 방법과 정도를 규율한 법률에 의하여, 이를 공동 소유 혹은 그 밖의 공동 경제의 제 형태로 옮길 수 있다. 그 보상에 관해서는 제14조 제3항 제3문과 제4문이 준용된다."

사회화의 경우에도 보상은 해야 한다. 다만, 이 경우 보상은 제14조 제3항에 따른 완전 보상을 의미하는 것이 아니라, 여러 상이한 관점의 형량 하에서의 보상을 뜻하므로 완전

보상을 밑돌아도 무방하다.[278]

　　사회화와 공용 수용은 그 목표 설정이 다르다는 점에서 결정적으로 차이가 있다. 기본법 제14조 제3항의 공용 수용은 "공공의 복지를 위해"서만 허용되지만, 제15조의 사회화는 "사회화의 목적을 위해" 행해진다.[279] 예컨대 토지는 똑같이 제14조 제3항에 의해서도, 제15조에 의해서도 수용이 될 수 있지만, 제15조에 따른 수용은 사회화의 목적으로 행해지는 것이므로, 수용된 재산은 이후로도 계속해서 생산 수단으로 이용된다. 반면, 제14조 제3항에 따른 수용은 여러 다양한 공공복지의 관점에서 이루어질 수 있으므로, 수용된 재산이 그 재산이 원래 갖고 있던 기능이나 목적대로 사용된다는 보장은 없다.[280]

　　따라서 사회화의 경우, 공용 수용에 요구되는 '특정한, 공익의 측면에서 꼭 필요한 사업'이라는 정당화 사유가 필요조건도, 충분조건도 아니다. 오히려 사회화의 목표는 생산 수단, 천연자원 및 토지의 이용이 갖는 사회적 성격에 맞게 소유권 질서를 조율·재조정하는 데 있다. 이로부터 "공동 소유 혹은 그 밖의 공동 경제의 제 형태"라는 문언이 무엇을 의미하는지가 명백해진다. 그것은 재화의 이용에 있어 사회적 형태를 조성하는 것, 즉 재화를 공동으로 이용하는 사람 모두를 그 재화의 재산법적 이용에 참여시키는 것이다.[281]

헬무트 리더는 유명한 1951년 국법학자 대회 발표문에서 이 점을 다음과 같이 설명했다. 사회화는 수용의 하위 범주가 아니다. 사회화는 그 자체로 고유한 제도적 본질을 갖고 있다. 수용은 구체적 행정 계획을 직접 실현하려는 '적극적 목표 설정'하에 행해지지만, 사회화는 특정한 재화에 대한 사적 소유를 허용함으로써 발생하는 유해한 결과를 제거하는 '소극적' 목표를 설정하고 있다. 리더는 이로부터 앞에서도 언급한 시장 가치를 밑도는 보상의 정당성을 도출해 냈다.[282]

다만, 기본법 제정 이후 한 번도 현실에서 이용되지 않았고, 냉전 시대 '사실상 잊힌 조항'이 돼버린 제15조를 근거로 거대 임대 주택 회사 보유의 주택을 사회화하자는 운동을 누구나 지지한 것은 아니다. 특히 헌법학 내에서는 이를 두고 본격적인 헌법 논쟁이 벌어졌다.

베를린 주택 사회화 운동은 법 실무의 관점에서 보면 제15조에 대한 최초의 의미 있는 시도로 평가된다.[283] 따라서 이를 둘러싼 헌법 논쟁, 이데올로기 투쟁은 충분히 예견된 일이었다. 사회화를 위한 국민 표결이 발의되자마자 법률가들은 각각의 전문가 자문 의견서를 발표하며 논쟁을 벌였다. 슈파이어대학교의 공법 교수인 요하임 빌란트Joachim Wieland는 독일 연방의회와 베를린시 의회 내 좌파당의 의뢰로 완성한 전문가 의견서에서 임대 주택의 사회화는 기본법 제15조에 의거, 베를린 법으로 시행할 수 있다고 하면서 합헌 의견을 제시했다.[284] 반면 베를린주 헌법재판소장을 역임한, 베를린자유대학교의 공법 교수인 헬게 조단Helge Sodan은 베를린의 가장 큰 주택 기업 협회인 BBU의 의뢰로 제출한 전문가 의견서에서 위헌 의견을 제시했다.[285]

현실에서 한 번도 실천된 바 없는 제15조 사회화 조항은 여러 법적 쟁점을 제기한다. 특히 무엇이 사회화 대상이 될 수 있으며, 그 조건은 어떠한가, 그리고 그 경우 보상은 어떻게 해야 하는가의 문제가 핵심인데, 이에 대한 판례는 아직 나온 게 없으며,[286] 관련 연구 문헌도 극히 소수에 불과하다.[287]

베를린 주택 사회화 운동을 반대하는 진영에서는 다음과 같은 법리를 펼친다. 베를린 헌법 제23조 제2항은 재산권에 대한 침해 형태로 수용만 언급하고 있고, 사적 소유권에 대한 가장 강력한 침해가 될 사회화에 대해서는 침묵하고 있으므로, 베를린 국민은 연방 헌법상의 재산권 보장과 비교할 때, 더 강한 보호를 받고 있다. 더욱이 독일 통일 이후인 1995년에 국민 표결을 통해 베를린 헌법 제23조 제2항을 개정했는데, 이 조항은 사회화, 즉 '사기업을 국가 기업으로 변경하는 것'을 명시적으로 금지한다. 베를린 국민들은 여전히 생생한, 사회주의적 인민 소유에 기초한 동독 경제의 실패 경험에 근거해, 제2의 사회주의적 소유 질서가 등장하는 것을 거부했

다고 보는 게 맞다.[288]

헬게 조단의 의견도 유사했다. 그도 두 가지 반대 논거를 제시했다. 첫째, 베를린 헌법 제23조는 (행정) 수용만을 허용할 뿐, 사회화는 그 대상으로 하지 않는다. "건전한 개념 이해"에 따를 때 사회화는 재산권 침해의 또 다른 형태일 뿐이다. 둘째, 연방 헌법 제142조의 취지에 따를 때, 베를린 헌법이 기본법 제14조, 제15조보다 더 두터운 재산권 보장을 제공하고 있음이 분명하다.

그러나 다수 견해는 이러한 해석에 이의를 제기한다. "베를린 헌법은 사회화를 언급하지 않는다. 그러나 이것을 사회화 금지로 해석할 수는 없다." 사회화에 대해 아무런 내용도 담지 않은 "베를린 헌법의 공백은 기본법에 의해 메워졌다고 하겠다. 기본법 제15조는 베를린에도 적용된다."[289]

요하임 빌란트는 1947~1948년 시기 베를린시 의회 의사록에 근거하여, 사회화를 배제하는 것이 당시 베를린 헌법의 의도가 아니라고 주장했다. 그는 당시 헌법이 오히려 사회화의 허용성을 자명한 것으로 전제하고 있었다고 논증했다. 그에 따르면 1995년의 헌법 개정은 이러한 전통적인 헌법 상황을 유지한다는 취지로 이해해야 하므로 사회화는 가능하다. 이렇게 해석하는 것이 기본법 제15조의 체계적 의미에 부합한다.

이 조항은 '경제 질서의 헌법적 개방성'이라는 헌법 제정 당시의 정파 간 합의, 즉 정치적 상황 여하에 따라 서독의 경제 질서는 자본주의나 사회주의 양방향 중 그 어느 쪽으로도 전개될 수 있다는 합의를 반영해 이를 규범화한 것이지, 제14조의 재산권 침해 구성 요건을 단순히 확장한 것이 아니다. 사회화 수권은 "당연히 재산권 보장과 함께" 기본법이 허용한 것이어서, 주 헌법이 이를 무효화할 수 없다. 또한, 주 헌법의 규정들은 기본법 제142조에 따를 때, "기본법 제1조~제18조와 일치하는" 한에서만 효력이 있다.

빌란트의 해석은 역사적으로 볼 때 설득력이 있다. 독일 기본법 제정 당시, 주 의회 대표자로 구성된 의회 대표자 회의의 회의록을 보면 사회화가 경제 헌법의 구조 변경을 위한 하나의 가능한 수단으로 언급되고 있다. 또한, 토지 개혁도 명목상의 보상금을 지급하는 조건으로 시행할 수 있다는 논의가 등장한다. 국가주의자인 보수 법학자 한스 페터 입센조차도 기본법의 "경제 정책적 결단"의 기본 부분에 해당하는 사회화 권한 덕에 법적 계속성의 단절 없이도 자본주의적 질서의 해체가 가능하다고 봤으니, 오늘날의 관점에서 보면 놀라울 정도다.

이처럼 헌법 논쟁을 포함한 여러 정치적 논쟁이 펼쳐졌지만, 2021년 9월 26일의 국민 표결에서는 투표에 참여한 베를린 유권자 57.6퍼센트가 주택 사회화에 찬성표를 던졌다. 이로써 국민 표결은 통과됐다. 80퍼센트가 임대 주택에 살고 있는 베를린 세입자의 단결과 투쟁, 호별 방문 등 이 운동을 지지하는 사람들의 적극적인 활동이 성공의 요인이었다. 정치적 지형도 불리하지 않았다. 2021년 당시 베를린 연립 정부 중 좌파당이 수장을 맡고 있었던 건설부의 입장은 주택 건설 쪽이 아니라 사회화 쪽으로 기울어 있었다.[290] 이 운동에 가장 적극적이었던 좌파당은 예전부터 시 정부가 선매권을 행사할 수 있는 주민-지구 유지 구역의 전면적 확대, 장기간 공실로 비어 있는 빈집에 대한 강제 수용권 발동과 같은 정책을 추진해 왔다.[291]

과반의 찬성은 대단한 것이긴 하지만, 주택 사회화 정책을 반대하는 논리와 세력은 2019~2021년 당시나 지금이나 여전히 만만치 않다. 베를린 건설부의 정책에 반대했던 베를린상공회의소 회장은 이렇게 말했다. "사회화를 정책 수단으로 사용하면 잠재적 투자자에게 잘못된 시그널을 줄 것이고, 그들의 투자 의욕을 잠재울 것이다. 임대인 보호라는 미명하에 실행된 정책들은 그것이 약속한 것과 정반대의 결과를 낳고 있을 뿐이다. 임대료 상승에 대한 제동 장치, 주민-지구 유지 구역 지정을 통한 보호 조치, 시 정부의 선매권 행사에도 불구하고 주택 임대료는 전 방위적으로 상승하고 있다. 이게 우리가 매일매일 겪고 있는 현실이다."[292]

베를린상공회의소 회장은 자기도 모르게 문제의 핵심을 말해 버렸다. 그의 말마따나 앞서 검토했던 여러 조치에도 불구하고 베를린의 주택 문제는 해결되지 않고 있다는 것 아닌가? 예컨대 주택이 매매되는 과정에서 임대료 폭등의 조짐이 보이면, 시 정부가 매매에 개입해 우선적으로 주택을 매입하고, 향후 이를 시영 주택 등으로 운영하는 조치인 자치 단체의 선매권만 해도, 이를 행사할 수 있는 아주 엄격한 조건 때문에 사실상 극히 일부의 사례에서만 적용될 뿐이지 않은가? 주택 사회화와 같은 정책을 추진할 때는 물론 신중해야 한다. 다른 수단으로는 주거의 안정성을 보장할 수 없을 때 사실상 최후의 방법으로 생각해 볼 수 있는 수단이 주택 사회화인 것도 맞다. 그러나 다른 수단이 사실상 없지 않나?

법리적으로 해석하면, 그의 말은 사회화 조치가 비례 원칙에 위반되지 않는다는 의미도 담고 있다. 헌법상 비례 원칙 혹은 과잉 금지 원칙에서 가장 중요한 요소는 침해의 최소성이다(최소 침해의 원칙). 이것은 도시민의 주거 안정 및 주거권 보장을 위해, 사회화 조치보다 덜 침해적이면서도 목적 달성이 가능한 다른 수단이 있을 때는 사회화 조치를 할 수 없다는 뜻이다. 그러나 그도 인정했듯이 주민-지구 유지 구역 지정을 통한 보호 조치, 구청의 선매권 행사에도 불구하고 임대료가 천정부지로 상승하고 있다면 남은 것은 사회화 조치 밖에 없는 것이 아닌가? 주택 사회화 운동 이전에도 세입자 단체는 사안별로 강제 퇴거에 반대하는 것에서부터, 주민 구성 변경을 초래할 개발 반대 운동을 해왔다. 그러다가 더는 안 되겠다는 마음에 사회화 운동을 정치적 의제로 내세웠던 것이다.[293]

합헌론자들도 바로 이 점을 파고든다. 그리고 이 논쟁은 2021년 9월 26일의 국민 표결 이후에도 여전히 현재 진행형이다. 베를린의 국민 표결은 법적 구속력이 없으나 베를린 시 정부는 대체로 국민 표결을 수용해 왔다. 그러나 2021년 말에 새롭게 사회민주당-녹색당-좌파당의 연립 정부의 수장이 된 기파이Franziska Giffey 시장(사회민주당)은 이 국민 표결을 즉각적으로 실천할 의지가 없었다. 그러다가 2023년 3월의 재선거 이후 정권을 잃고 재차 기독교민주당-사회민주당의 대연정이 시작되자, 기파이는 재빠르게 건설부 장관으로 변신해 해결책은 더 빨리, 더 많이 건축하는 것이라는 입장을 견지했다. 2023년 3월 재선거 과정에서 기파이는 주택 사회화에 반대한다는 입장을 분명히 했다. 물론 보수파인 기독교민주당의 시장 후보였으며 현재 시장인 카이 베그너Kai Wegner도 마찬가지였다. 그런데 흥미롭게도 이 두 당의 연정 협상문에는 다음과 같은 문구가 포함됐다.

만약 "도이체보넨과 같은 주택 임대 회사의 주택을 수용하자"는 국민 표결의 결과를 실행하기 위해 시 정부가 소집한 전문가 위원회가 사회화가 헌법에 부합한다고 확인해 준다면, 베를린 연립 정부는 사회화 기본법을 의결한다. 이 법률은 생존 배려를 위한 사업 영역(수도, 에너지, 주거 등)을 기본법 제15조에 의거해 사회화하기 위한 법률상의 기본 틀과 객관적 정성적 지표 및 기준, 그리고 사회화에 따라 요구되는 적절한 보상에 관한 원칙들을 정의한다. 법률은 비례 원칙도 준수해야 한다. 법률은 공포 후 2년 후에 발효한다.[294]

전문가 위원회는 2022년 3월 29일 베를린시 정부에 의해 소집됐다. 13명의 전문가로 구성된 동 위원회는 2023년 6월 28일 153쪽 분량의 최종 보고서를 제출했다.[295] 이 보고서에서 위원회는 다수 의견으로 합헌적인 사회화가 가능하다고 보았다. 또한 베를린시는 (주택) 사회화에 관한 법률을 제정할 권한을 갖고 있다는 점, 사회화를 통해 주택이 수용되는 기업에 대해서는 보상을 해야 한다는 점을 분명히 했다. 그렇다면 이제 어떻게 될 것인가? 재선거 운동 과정에서 주택 사회화는 절대로 하지 않겠다고 공언한 현 시장이 이 문제에 적극적일 가능성은 없다. 그는 문제 해결을 질질 끌 것이다.

실제로 연정 협상문에 명시돼 있는 것은 '사회화 기본

법'의 제정 의무다. 이 기본법은 주택 사회화를 위한 대강 Rahmen을 정하게 될 것이다. 그러나 주택 사회화 운동 측에서는 사회화 기본법이 아니라 '주택 사회화법'을 바로 제정하라고 반박한다. 이런 논란에서도 알 수 있듯 연정 협상문에도 불구하고 주택 사회화를 향한 길은 여전히 안갯속이다. 그래도 베를린 사람들은 계속해서 싸울 것이다. 베를린에 이어 함부르크에서도 2021년에 주택 사회화 투쟁이 시작돼 국민 표결을 향한 시민 조직화가 이뤄지고 있다.[296] 부침과 일진일퇴가 있겠지만, 포기할 수 없는 주택 사회화 투쟁의 선구자로서 베를린의 세입자들은 자신들의 역할을 끝까지 감당하려고 할 것이다.

베를린에서의 정치적 논쟁을 지켜보면서, 안도의 한숨을 내쉬는 도시가 있다. 바로 오스트리아 빈이다. 이미 민영화된 주택들을 다시 사회화하자는 운동을 보면서, 빈 시민들은 '왜 베를린 시민들은 시 정부가 공영 주택을 민간에 넘기는 것을 막지 못했는가' 하고 한탄한다. 빈의 시 정부는 "사회적 평화와 지불 가능한 임대료로 살아갈 수 있는 주거 공간의 유지를 위한 적절한 개입"이 주택 정책의 요체라고 말하면서, 우리는 그것을 가능하게 하는 공영 임대 주택을 여전히 다수 보유하고 있다고 자랑했다.[297] 그러나 빈에서도 위기의 순간은 있었다.

세계 어느 곳에서나 1990년대는 민영화가 본격 시작된 시기다. 이 시기, 국영 기업과 시영 주택들이 헐값에 매각됐다. 심지어 정치가들은 수도 공급과 같은 아주 민감한 영역도 개인 기업의 손에 넘기려고 했다. 오스트리아라고 다르지 않았다. 당시 빈의 연립 정부에 참여한 오스트리아국민당ÖVP은 게마인데, 즉 시가 갖고 있는 주택을 매각하는 안을 적극 지지했다. 그러나 그때 연립 정부의 제1당이었던 오스트리아사회민주당SPÖ의 실행 계획을 저지하고 나선 정치 세력이 있었다. 오스트리아녹색당이었다. 그리고 이제는 오스트리아사회민주당도 이 문제에 대해 다시 적극적인 태도로 돌아섰다. 오스트리아사회민주당은 기존의 게마인데 보유분을 단지 유지만 하는 것만이 아니라 이를 더 늘리려고 한다.[298] 이로써 100년 전, 생동하는 노동자 문화가 만들어 낸, 그러면서도 독일과는 다른 방식의 사회 주택 개념 — 한번 사회 주택은 계속해서 사회 주택으로 유지한다 — 을 갖고 있는 '붉은 빈'은 계속해서 우리 시대의 정신 문화유산으로 남을 수 있게 됐다.

베를린상공회의소 회장과 같은 공급파들은 수요에 맞게 주택을 더 많이, 더 높게, 더 조밀하게 짓는 것이 베를린을 살릴 것이라고 주장한다. 반대로 배분파는 그것이 베를린을 죽인다고 반박한다. 배분파는 공급파의 주장대로 하면 '도시는 승리'할지 모르나, 도시민들은 패배하며, 도시는 부자가 되지만 도시민들은 비참에 빠진다고 말한다. 도시가 사람들을 가난하게 만드는 것이 아니라, 가난한 사람들이 도시로 몰려드는 것일 뿐이라는 공급파의 인식에, 배분파는 도시가 가난한 사람들을 내쫓고 있는 현실을 직시해야 한다고 맞선다.[299] 두 세력의 싸움은 결국 주택 정책의 중심을 시장에 둘 것인지 아니면 국가에 둘 것인지 하는 대립의 문제이기도 하다.

독일 제국이 출범한 1871년부터 2023년의 현재까지 150년 동안 독일의 주택 정책을 놓고 대립해 온 이 두 세력의 싸움은 현재도 진행형이다.[300] 그리고 이 대립은 미래에도 결코 소멸하지 않을 것이다. "주택은 언제 충분한가, 혹은 언제 부족한가? 주택이 충분한지 부족한지 우리는 어떻게 판단할 수 있는가?" 독일의 경우 주택 부족이 심각하다고 여겨지던 1920년대에도 "주택 부족이 아니라 주택 배분이 문제"라고 주장하는 이들이 드물지 않았다. 독일에서 시장 자유주의를 대표하는 정당인 자민당에서는 주택을 더 싸게, 더 많이 지어야 한다고 주장하지만, 현재 주택은 부족하지 않으며 문제는 소득 하위 계층이 도심에서 주거 공간을 마련하지 못하는 데 있다는, 전혀 다른 해석도 존재한다."[301]

공급파들은 '도시를 인류 최고의 발명품'이라고 부른다. 그리고 도시가 그런 지위를 계속 유지하려면 더 높이, 더 효율적으로 건물을 지어야 한다고 말한다. 이런 주장은 지금과 같은 자본주의적 삶을 전제로 한다. 그들은 이 사실을 잘 안다. 그러면서 이것 외에 무슨 대안이 있느냐고 반문한다. 반면, 배분파는 공급이 대안이 될 수 없다고 본다. 꼭 필요한 경우에는 주택 단지 조성 등이 필요하지만, 더 중요한 건 현재의 건물을 기후 위기 시대에 맞게 수선하고, 특정 회사나 개인이 독점하고 있는 주택 스톡stock을 잘 배분하는 일이라고 반박한다. 공급파들이 개발이 극히 제한돼 있어서 전 세계에서 모인 엘리트들만이 살 수 있는 도시가 돼버린 파리의 사례를 들고 나오면 배분파들은 이렇게 반박한다. "사람들이 적절한 가격의 집을 구할 수 있도록 건물을 더 많이 짓는 것을" 인정할 수는 있다. 그러나 "어떻게 하면 기존 주민을 쫓아내지 않고 그 사람들이 지금 하고 있는 일을 계속하면서 행복해할 수 있을지를 고민"하지 않는 개발과 공급은 위험하다.[302]

앞으로 어떻게 전개될까? 베를린이 기로에 서 있는 것은 분명하다. 그러나 베를린은 사회 국가 성립 이전인 19세기 말에 이미 사회 도시sozialstadt라는 선구적 형태를 선보인 도시다. 게다가 2차 대전 이후에는 사회 주택을 발전시켜 왔다. 이런 독일과 베를린에서라면 글레이저 같은 '도시의 승리파(공급파)'가 간단히 다수가 되기는 쉽지 않을 것이다. 만약 배분파의 상대적 우위가 앞으로도 유지된다면, 우리는 '도시 발전에서 베를린의 길'이라는 표현을 써도 좋을 것이다. '도시성의 새로운 패러다임'[303]을 제시할 그 길은 베를린을 '반란의 도시'로 만든다.

에필로그 　　　　　 각자도생, 소유적 개인주의의
　　　　　　　　　　　　욕망을 넘어

엥겔스는《주택문제에 대하여》에서 마드리드 신문 〈해방〉의 1872년 3월 16일 자 기사를 다음과 같이 인용한다.

"지배 계급의 가장 현명한 지도자들은 언제나 소(小)소유자의 수를 증가시켜 프롤레타리아트에 대항하는 군대를 양성하려고 애썼다. 전 세기의 부르주아 혁명들은 귀족 및 교회의 대토지 소유를 분할해 분할지 소유로 세분했으며(오늘의 스페인 공화주의자들도 아직 스페인에 존재하고 있는 대토지 소유에 대해 바로 이렇게 하고 싶어 한다) 이렇게 함으로써 소토지 소유자 계급을 만들었는데, 이들은 그 후 사회의 가장 반동적 요소로 변했으며 도시 프롤레타리아트의 혁명 운동에 대한 끊임없는 걸림돌이 됐다."[304]

한국의 주택 문제를 생각할 때 나는 엥겔스가 인용한 이 비판을 자주 떠올린다. 한국에서 국가는 줄곧 도시와 주거 문제가 '정치적인 것'이 되지 않도록 관리하는 동시에, '자가 소유(권) 전략'을 통해 도시 문제를 비판하는 세력들, 주거 문제에 대안을 말하려는 세력들을 체제 내로 포섭해 왔다.[305] 그렇다고 대중들이 이 전략에 수동적으로 포섭된 것은 아니다. 주택 구매 시장의 예비적 소비자인 중간 계급은 물론이고, 노동 계급 또한 주택 문제의 해법을 집합 주택의 조성이 아닌

임금 인상과 기업 복지를 통한 내 집 마련에서 찾았다.[306] 이는 노동조합이 노동자 집합 주택 건설과 공급 등을 통해 주거의 공공성 확보를 위해 매진해 온 독일 사례와는 대비되는 모습이다. 모든 사람이 '내 집 장만' 이데올로기에 포획돼 집주인 되기 경쟁을 하는 동안 주택의 탈상품화나 주택 사회화를 위한 투쟁은 방기放棄됐다.

한국에도 주거권 투쟁이 없었던 것은 아니다. 오히려 서울과 그 주변 지역에서 오랫동안 펼쳐진 주거권 투쟁은 독일과 베를린의 주택 투쟁에 못지않게 치열하고 처절했다. 1971년의 광주 대단지 투쟁, 1985년 목동, 1986년 상계동, 그리고 1987년을 전후로 사당3동, 오금동, 신당동, 사당2동, 돈암동, 창신3동 등 20여 곳에서 철거 반대 투쟁이 벌어졌다. 투쟁은 1988년에는 도화동, 홍은동, 신정동, 전농동, 서초동 꽃마을, 석촌동, 신가촌, 남현동 등 수십 개 지역으로 확대됐다.[307] 이런 투쟁을 통해 도시 빈민들은 1989년에 마침내 25만 호의 영구 임대 아파트 공급 계획이라는 정책적 변화를 쟁취해 내기도 했다.[308] 그러나 주거권 투쟁은 1987~1992년 시기 결정적으로 변화한다. 김명수에 따르면 이 시기에 주거 운동의 이중적 전환이 이뤄진다.

1차로 운동은 주거(생존)권 운동과 소유권 운동으로 갈라섰다. 동시에 1차 분기의 뒤를 이으면서도 그와 나란히 진행된 자가 소유 운동으로의 2차 수렴이 일어났다. 이러한 변화는 주거권 발달을 억제한 데 그치지 않았고, 개인주의적 생활양식의 확산을 통해 부정적인 사회 효과를 만들어 냈다.[309] 베를린의 주택 점거 투쟁과 그를 뒤이은 주택 사회화 운동이 끊임없이 주택 소유의 문제 혹은 주택 소유권 확대 전략에 대해 이의를 제기하면서 사회적 도시와 공동체적 삶을 환기해 온 것과는 사뭇 다른 모습이다.

다만, 베를린에서도 현재 상황은 녹록지 않다. 부동산 소유 계층과 저소득 및 중간 소득 계층 사이의 양극화가 심화하며 주택 시장이 사회에 점점 더 부정적인 영향을 미치고 있지만 앞서 본 것처럼 베를린 주택 사회화 운동의 앞길은 여전히 불투명하다. 국민 표결에서 베를린 '국민' 57.6퍼센트가 주택 사회화 정책의 큰 틀을 '결단'했음에도 불구하고, 이 결단은 법률로 구현되지 못하고 있다. 국민 표결과 함께 치러진 베를린시 의회 선거에서 제1당이 되어 베를린시장이 된 사회민주당의 기파이는 애초부터 주택 사회화에 시큰둥했다. 기파이는 주거의 위기를 공급파의 관점에서 돌파하려고 했다. 그이가 시장으로 취임했을 당시에는 여건도 좋았다. 전임 시장 시절 좌파당이 맡았던 도시 개발 및 주택부 장관직을 다시 사회민주당이 가져왔기 때문이다. 사회민주당의 전통적 노선은 "건설, 건설, 건설! 나머지는 시장에 맡기기"다[310]. 그들은 기존 질서의 변경에 적극적이지 않으며 행정 관료들이 제시하는 방안을 충실히 실행한다는 평가를 받는다.[311]

2021년 9월 치러진 선거 직전, 당시 시장이었던 사민당의 뮐러는 시민들의 주택 사회화 운동의 예봉을 무디게 할 방법을 모색했다. 그 대표적인 사례가 매각한 주택의 재매입이었다. 베를린의 양대 임대 기업인 도이체보넨과 보노비아는 합병을 추진하면서, 합병에 대한 시의 정치적 승인을 얻을 요량으로 자신들이 보유한 주택 중 2만 호를 시에 매각하기로 뮐러 시장과 비밀리에 합의했다. 이 합의는 2021년 9월에 실제로 실현됐다. 시가 매입한 주택 수는 1만 4750호, 매입 가격은 24억 6000유로, 한화로 약 3조 3000억 원이었다. 2022년 1월 1일 이후 3만 명의 신규 세입자들이 이들 주택에 입주했다.[312] 이 정도 규모의 재매입은 유례가 없는 일이었고, 기존의 선매권 행사와도 비교가 되지 않았다.

이것은 기업의 양보였는가? 내실을 따져보면 그렇지 않았음을 알 수 있다. 매입된 것은 베를린시가 15년 전에 헐값으로 매각한 공영 주택들이었다. 이들 주택은 1960~1970년대 지어진 이래 관리가 거의 되지 않았다. 시는 15년 전 매각 당시보다 훨씬 많은 돈을 주고 이를 재매입했지만, 매입 후가 더 문제였다. 시와 공영 주택 회사는 엄청난 비용을 투입해 이들 주택을 수선하든지, 아니면 그냥 방치하든지를 선택해야 한다. 전자를 택하면 신규 주택 건설을 위한 재원은 거의 바닥나게 될 것이고 후자를 택하면 입주민의 삶의 질이 떨어질 것이다. 이러니 돈은 기업이 벌고, 방치한 주택을 보수하는 비용은 사회가 떠안게 됐다는 얘기가 나왔다.[313]

현실은 이처럼 만만치 않다. 한편으로는 저항하는 베를린 시민들의 조직력에 감탄하면서도 심각한 주택 문제를 현재의 정치 지형에서 과연 바꿀 수 있을까 하는 회의에 빠지게 된다. 건설과 공급 확장 대신 주택 배분의 정의를 추구하고, 주택을 사적 투기의 대상으로 삼는 논리를 후퇴시키고 주거의 문제를 공공의 책임으로 확실하게 정립해 나갈 수 있을까?

상황이 좋지는 않으나 이 만큼이라도 성과를 내며 도시민의 투쟁을 이어 온 것은 대단한 일이다. 이런 수준의 투쟁과 운동을 한국에서, 특히 서울에서 실천하기란 쉽지 않다. 누구나 자신의 소득으로 감당할 수 있는 임대료를 내고 살 수 있어야 하고, 살던 집에서 쫓겨나지 않아야 한다는 것은 복지 국가가 추구해야 할 당연한 목표다. 다만, 앞서도 보았듯이 그복지 국가 혹은 복지 국가 원리가 등장하고 관철되는 것은 각국가의 역사적 특질에 따라 다를 수밖에 없다.[314] 그래서 자유주의 레짐의 한국 복지 국가에서 실행된 도시 및 주택 정책, 그리고 그에 대항하는 투쟁과 운동이 보수주의 혹은 조합주의 레짐의 독일 복지 국가에서 실행된 도시 및 주택 정책, 그리고 그에 대항하는 도시민의 투쟁과 운동을 참고할 수 있을까 하는 의구심이 드는 것도 사실이다. 독일에는 독일 사람이 살고, 한국에는 한국 사람이 산다. "도시들도 사람과 마찬가지로 특유의 걸음걸이를 지니고 있다."[315]

사실, 복지 국가 레짐의 차이보다도 더 중요한 지점은 주택을 상품으로 보는 논리에 대한 비판 정신을 한국의 중간 계급과 노동 계급이 결여하고 있다는 사실이다. 앞서 지적했듯이 "내 집에 갇힌 사회"의 대중은 "생존과 투기 사이에서" 각자도생하며, 소유(권)에 대한 진지한 이의 제기를 포기했다. 독일에서 주택 점거 운동이 주택의 탈상품화나 보편적 주거권의 실현을 목표로 했다면, 한국에서 노동 계급의 주택 투쟁은 내 집 마련을 위한 평등한 기회 확대를 추구했다. 이 과정에서 소유권 신화는 더욱더 강고해졌다.[316] 재개발조합, 재건축조합을 통한 주택(아파트) 건설이라는 해괴한 한국식 주택 공급 방식은 주거 문제를 둘러싼 갈등을 토지를 소유한 조합원 간의 다툼, 땅 주인, 집주인 혹은 무허가 주택 소유자인 조합원과 세입자 간의 다툼으로 재배치함으로써 국가와 자본에 맞서는 '집 없는 사람들'의 연대를 봉쇄했다. 그 과정에서 '똘똘한 한 채'에 대한 소유적 개인주의의 욕망은 한층 더 커졌다.

한국인들은 세상이 불평등하다고 생각하면서도, "불평

등 원인에 대한 많은 객관적인 연구와 논의들"을 충분히 인지하고 있지 못하며, "불평등의 문제를 함께 풀어 가는 것보다 개인주의적인 방식으로 해결하려는 태도를 보여 주고 있다."[317] 사회가 불평등하다고 느끼기는 하지만, 불평등한 사회를 바꾸기 위해 '사회적'이고 집단적인 해결 방식을 모색해야 한다는 생각을 잘하지 못한다. 주거 불평등 문제도 마찬가지다.

　나는 베를린의 주택 점거 운동과 그것이 가져온 변화들, 11개의 공룡 임대 주택 회사가 보유한 주택 24만 호를 사회화하자는 베를린의 국민 표결 운동을 보면서, '경의선 공유지 운동' 같은 프로젝트가 대중의 관심을 거의 끌지 못하는, 갭투자니 뭐니 하는 말이 횡행하는 서울을 떠올렸다. 대중만 그러한가? 주택 사회화 같은 주제에 대한 법률가들의 무관심과 적대적 태도는 또 얼마나 심각한가? 한국의 법학자 및 법실무가들은 도시민 모두가 '인간의 존엄에 부합하는' 주거의 권리를 보장받을 수 있게끔 소유권 독재를 제어할 법리를 상상하는 일에 소극적이었다. 어떤 민법 연구자는 경의선 공유지 운동을 평가하면서 다음과 같이 말하기도 했다.

　　"이것은 결국 재화에 대한 타인의 사소유권을 부정하고, 기존의 소유권 제도의 근간을 흔드는 것으로 보인다. (…) 경의선 국유지 운동 관련 시민 단체가 자신들이 국유지를 무단 점유하여 사유화하였음에도 '경의선 공유지를 활용하는 우리가 어떤 피해를 주었는가?'고 항변한 것도 자신들의 사유화는 커먼즈 혹은 공(共)이라고 규정하면서 합리화하면서, 타인의 사소유권을 부정하는 태도에서 비롯된 것으로 보인다. (…) 근대 사회는 이러한 전근대적인 모습에서 벗어나 개인을 긍정하고 개인의 소유를 보장함으로써 개인의 자유를 이루고자 하였는데, 커먼즈 운동은 이러한 근대의 성취를 뒤로하고 개인을 다시 집단에 예속시키려는 퇴행적 운동이라고 할 것이다."[318]

이 글의 저자도 밝히고 있듯이 경의선 공유지는 명목상 국유지이다. 국유지를 모든 사람이 나눠서 사용하자고 하는 것이 왜 무단 점유가 되는가? 시민 단체들이 국유지를 "사유화"하겠다고 나서기 훨씬 전부터 한국 사회에서 국유지는 이미 정치가와 고위 관료들이 사실상 마음대로 처분할 수 있는 "국가 소유의 사유지"가 되어 있는 것이 아닌가? 법학자들은 이런 질문에 답해야 한다.[319]

베를린의 도시에 대한 권리 투쟁을 추적하다 보면, 제도와 정당과 정치가 어쨌건 그 투쟁에 반응하는 프로세스를 접하게 된다. 2013년의 독일 민법 개정 이후 강화된 전국 단위의 임대료 규제 외에 2020년 베를린이 별도의 임대료 상한 규제를 시행한 것도 그 한 사례로 볼 수 있다. 비록 '베를린 주택 임대료 제한법'은 연방헌법재판소 제2재판부에 의해 위헌 판정을 받았지만, 중요한 것은 이러한 시도를 하는 것이고 계속해서 (법률) 투쟁을 해나가는 것이다.[320]

나는 베를린의 사례를 연구하고 이야기하는 것이 우리 사회에 어떤 의미가 있을지 생각해 볼 때가 많다. 오랜 도시 빈민 투쟁에도 불구하고 쫓겨나지 않고 살던 곳에서 살 권리를 쟁취하는 데 실패한 사회, 주택 점거 투쟁을 그저 좁은 형법적 사고 안에서만 단죄해 온 사회가 베를린에서 일어나고 있는 주택 사회화 운동 같은 것을 과연 조직해 낼 수 있을까? 그러나 용산 참사, 궁중족발 사례처럼, 타인의 생명과 생존권을 대가로 건물주에게 '아주 많을 돈'을 벌 권리를 보장하는 이 체제를 언제까지 견뎌야 할까? 독일 연방헌법재판소는 이미 1975년의 '주택 전용 금지법' 사례에서 다음과 같이 판시했다. "사적 소유권은 공공의 복리를 위해 행사돼야 한다는 헌법적 요청은 그 소유권의 객체에 의존하여 생활하는 동료 시민Mitbürger의 이익을 배려해야 한다는 명령도 포함한다." 그러므로 주택을 마음대로 전용하고 "소유권을 현재보다 더 유리하게 활용할 수 있는 기회"만 있으면 그것을 "최대한 이용해도 되는 것", 그런 것은 인정할 수 없다. 특히 그와 같은 이용 가능성은 "주택의 공급이 불충분한 경우에는 헌법상 보호

되지 않는다." 건물주를 '조물주' 위의 존재로 만들어 그에게 자기 능력껏 최대한 많은 돈을 벌 기회를 주는 것이 헌법의 명령은 아니라고 말하는 것이다.

어느 도시에는 45년을 세입자로 살다가 쫓겨날 위기에 처하자 못 나가겠다고 소송을 거는 사람이 살고 있고, 어느 도시에는 2년 혹은 4년마다 폭등하는 전세, 월세를 감당하지 못해 메뚜기 신세처럼 여기저기 떠돌아다니는 사람이 살고 있다. 어느 도시는 더 많은 임대료를 받아낼 요량으로 주거 공간을 상가로 바꾸기 위해 임대차 계약을 해지한다거나, 인간다운 삶에 부합하는 최저 거주 면적, 최저 필요 시설을 갖춘 주거 공간을 쪼개, 이 공간을 의도적으로 거주 불가능한 상태로 만든 뒤 임대하는 행위를 모두 금지하지만(독일 민법 제753조 제2항 제3호 제2문; 주택 전용 금지법 등 참고), 어느 도시는 쪽방을 이용한 약탈적 임대 행위를 너무나 자연스럽게 방임하며, "청년의 피를 빨아 먹는 임대업자"가 판을 치게 놔둔다.[321] 그뿐인가? 그 도시에서는 전세 사기에 내몰린 사람들이 생을 포기하는 사태까지 벌어지고 있다. 이런 격차와 비참을 줄여야 하지 않겠는가? 사람들이 죽겠다고 아우성치고, 또 실제로 죽어 나가는데 그에 대해 반응하지 않는 정치란 과연 존재할 이유가 있는가?

미국 위스콘신주 밀워키의 퇴거 과정에 휩쓸린 여덟 가

정을 민족지학적 방법으로 추적한 한 사회학자는 참여 관찰을 마치며 이렇게 말한다. "우리가 이 난장판에서 어떤 식으로 빠져나오든지 간에 한 가지는 확실하다. 그 어떤 미국적인 가치로도 이렇게 심각한 불평등을, 기회의 박탈을, 기초적인 필요에 대한 냉정한 거부를, 무의미한 고통에 대한 이 같은 공모를 정당화할 수 없다. 어떤 도덕률이나 윤리적 원칙, 성서의 어떤 말씀이나 성스러운 가르침을 소환해도 이 나라가 처하게 된 지금의 상황을 변명하지는 못한다."[322]

'시민 운동가' 출신이 (서울)시장을 세 번이나 해도 시민 없는 도시 정치가 횡행하는 현실을 이제는 바꿀 때가 됐다. 자본의 투자 계획이 아니라 '시민의 목소리 듣기'에 더 많은 노력과 시간을 투자하는 도시 정치를 만들어 나가야 할 때다. 당장엔, 영등포, 대전, 그리고 서울역 앞 동자동에서 '투쟁' 중인 공공 주택 사업에 도시민으로서 어떻게 결합할 것인지부터 고민해야 한다.[323]

"도시는 공물이다."[324] "주택은 상품이 아니다!" 우리도 이것을 말로만 해서 안 된다. '대장동 사건'에 분노했다면, 그 마음을 모아 '주택 사회화'라는 전략과 방향을 함께 연구하고, 토의하며, 도시민 투쟁을 조직해 나아가야 한다. 이것이 우리의 도시와 도시민이 사는 길이다. 왜냐하면 도시는 우리 모두의 것이기 때문이다. "반란의 도시, 베를린"이 "착취 도시,

서울"에 주는 이 소중한 메시지에 많은 사람들이 귀 기울이기를 희망하며 이 글을 맺는다.

주

1 _ 지그문트 바우만은 다음과 같이 말한다. "독일어에는 '경험(Erfahrung)과 '체험(Erlebnis)이라는 명사가 있습니다. (…) 독일어 명사 '경험'은 나에게 일어난 일입니다. 독일어 명사 '체험'은 내 안에서 일어난 일입니다. 내가 느끼는 것, 내가 겪는 것, 사건에서 비롯되는 감정이죠. 저의 모든 사회학은 '경험'과 '체험' 사이의 공간에서 움직입니다." 나의 베를린 체험도 '경험'과 '체험', 이 두 가지를 모두 포함한다.
페터 하프너(김상준譯),《익숙한 것을 낯설게 바라보기》, 마르코폴로, 2022, 94-95쪽.

2 _ Andrej Holm, 〈Gentrification im langen Schatten der 'Behutsamen Stadterneuerung'〉,《Zeithistorische Forschungen》11, 2014, S. 303.

3 _ 단테 알리기에리(박상진譯),《신곡 지옥편》, 민음사, 2013, 149쪽.

4 _ 〈Studie zeigt: Ausländerfeindlichkeit in Deutschland nimmt zu〉,《Berliner Morgenpost》, 2018. 11. 7.

5 _ 2005년 도입된 하르츠IV(실업 수당II)는 2023년 1월 1일부로 폐지됐다. 이를 대체한 것은 시민 수당(Bürgergeld)이다. 시민 수당은 하르츠IV의 수급 요건을 완화해 복지 수당 지급과 관련한 문제점을 부분적으로 개선했다. 이 제도에 대한 간략한 소개는 다음을 참고할 것.
강하림, 〈2021년 독일 노동분야 주요 이슈〉,《국제노동브리프》20(1), 51-53쪽.

6 _ Oliver Nachtwey,《Die Abstiegsgesellschaft》, Suhrkamp Verlag, 2016, S. 161.
나흐트바이는 과거와 같은 사회적 이동성이 멈춰버린, 포스트 성장 자본주의하의 (독일) 사회를 '신분 하강 사회'로 명명한다.

7 _ David Harvey,《Rebel Cities: From the right to the city to the urban revolution》, Verso, 2012, pp. 103-106.

8 _ 제인 제이콥스(유강은譯),《미국 대도시의 죽음과 삶》, 그린비, 2010, 6-7쪽.
책의 서술을 이 글의 문맥에 맞게 변형하였음.

9 _ 코펜하겐은 '공공 공간은 어떠해야 하는가' 하는 문제를 진지하게 고민한 유럽 내의

대표적인 도시다. 그 결과 개방적이고, 접근 가능하고, 유동적이고, 다양하게 이용 가능한 공간이 탄생했다. 코펜하겐도 1960년대까지는 자동차가 중심인 도시였다. 자동차주차장은 즐비했어도, 보행자 도로는 어디에도 없었다. 이걸 바꾸는 데 기여한 도시 계획가가 얀 겔(Jan Gel)이다. 그를 중심으로 1970년대 이후 40여 년간 건축가, 도시 계획가가 결합했고 여기에 강력하고 결단력 있는 도시 행정이 긴밀히 협력했다. 이로써 '도시에서의 삶'을 중시하는 코펜하겐 학파가 성립했다. 얀 겔은 이후 유럽과 전 세계에서 인간에게 합당한, 정의로운 공간 창출을 위해 노력했다.

10 _ 제인 제이콥스(유강은譯),《미국 대도시의 죽음과 삶》, 그린비, 37쪽.

11 _ 단테는 신곡의 첫 번째 문장에서 "우리 인생길의 한가운데서, 나는 올바른 길을 잃고 어두운 숲속에서 헤매고 있었다"고 술회한다. 그러나 길을 잃는 것, 이것은 모든 여행의 출발이 된다. "단테는 자신이 길을 잃었다는 사실, 절망적인 현재 상황과 그런 상황에 이른 과정을 이해하게 된다. 그리고 그 상황과 주변 세계의 상황이 어떻게 연관되는지, 앞으로 동료 인간들과의 관계 속에서 자신은 어떤 역할을 해야 하는지 알게 된다."
프루 쇼(오숙은譯),《단테의 신곡에 관하여》, 저녁의 책, 2019, 41-42쪽.

12 _ 발터 벤야민(윤미애譯),《1900년경 베를린의 유년시절 / 베를린 연대기》, 길, 2007, 162쪽.

13 _ 마틴 키친(유정희譯),《사진과 그림으로 보는 케임브리지 독일사》, 시공사, 2001, 149쪽.
위그노 교도들은 프로이센으로 들어와 이 나라에 상공업 발전의 씨앗을 뿌렸다. 그것은 프로이센 절대주의의 토대를 마련하는 중요한 걸음이었다. 이를 성사시킨 대선제후는 네덜란드 도시들의 예를 따라, 포츠담을 현재와 같은 모습으로 건설한 장본인이기도 했다. 그는 선제후가 되기 전 네덜란드에서 유학한 경험이 있었으며, 17세기에 승승장구하던 이 나라의 발전상을 선례로 삼고자 했다.
고유경,《독일사 깊이 읽기: 독일 민족의 기억의 장소를 찾아》, 푸른역사, 2017, 115쪽.

14 _ 木村靖二,《ドイツの歷史: 新ヨ__ロッパ中心国の軌跡, 有斐閣》, 2000, 123-125 頁.

15 _ 김누리, 〈세상에서 가장 아름다운 '걸림돌'〉, 《한겨레》, 2017. 8. 13.
슈톨퍼슈타인은 직역하면 걸림돌이지만, 나치스 정권에 희생된 유대인들을 기리는 보도(步道) 위 기림 돌이다. 베를린에 가장 많다. 현재는 독일은 물론 유럽 전역에 설치되고 있다. 걸림돌 프로젝트와 관련된 독일어 자료는 인터넷에서 쉽게 검색할 수 있다.

16 _ 닐 맥그리거(김희주譯), 《독일사 산책》, 옥당, 2016, 466쪽.

17 _ 19세기 이래 베를린의 인구 변화는 대략 다음과 같다. 1849년 42만 4000명, 1875년 96만 7000명, 1900년 188만 9000명, 1919년 190만 3000명, 1920년 387만 9000명, 1925년 408만 3000명, 1933년 424만 3000명, 2014년 356만 2000명. 이 통계를 보면 특히 1919년에서 1920년 사이의 인구 변화가 드라마틱하다. 이는 패전 이후 전선에서 귀향한 병사들이 급증한 것도 한 이유겠지만, 1920년 대(大)베를린 개혁으로 인해 베를린의 영역이 크게 확대된 것 때문이기도 하다.
Ben Buschfeld, 《Bruno Tauts Hufeisensiedlung》, Nicolaische Verlagsbuchhandlung, 2015, S. 12에서 통계 인용.

18 _ Frederik Schindler, 〈Muslime stimmen antisemitischen Aussagen deutlich häufiger zu als Nichtmuslime〉, 《Die Welt》, 2022. 5. 9.

19 _ 독일에서 건물(주택)은 그 부지인 토지와 일체 불가분을 이룬다. 따라서 주택 사회화 투쟁, 즉 주택 소유권에 대한 제한은 토지의 이용에 대한 제한을 동반하므로 독일에서 주택 사회화는 토지 사회화이기도 하다. 반면 우리의 경우, 토지와 건물은 별개로 소유권의 객체가 된다.

20 _ Anna Waclawek/Marcus Mohr(Übersetzung), 《Graffiti und Street Art》, Deutscher Kunstverlag, 2011, S. 7; 애너 바츠와베크(이정연譯), 《그라피티와 거리 미술》, 시공사, 2015, 7쪽.
이는 문화 사업 기획가이자 도시 전략가인 스콧 버넘(Scott Burnham)이 도시의 거리 전체를 두고 한 말이지만, 나는 이 표현이 베를린의 거리에 특히 해당한다고 생각한다. 이하의 인용은 독일어 번역본에 의거했음을 밝혀 둔다.

21 _ Anna Waclawek, 《Übersetzt von Marcus Mohr, Graffiti und Street Art》,

Deutscher Kunstverlag, 2011, S. 74.

22 _ Anna Waclawek, 《Übersetzt von Marcus Mohr, Graffiti und Street Art》, Deutscher Kunstverlag, 2011, S. 44.

23 _ 北村昌史, 〈ブルーノ・タウトとベルリンの住環境: 一九二〇年代後半のジードルンク建設を中心に〉, 《史林》 92(1), 史学研究会, 2009, 87頁.

24 _ 문수현, 《주택, 시장보다 국가: 독일 주택정책 150년》, 이음, 2022, 145-146쪽. 1차 대전 이후 10만~13만 호가 부족한 것으로 알려졌던 베를린의 경우 1919~1923년 사이 연간 9000호의 사회 주택이 건설됐을 뿐이지만, 1924~1930년 사이엔 13만 5000호가 건설됐다.

25 _ 北村昌史, 〈ブルーノ・タウトとベルリンの住環境: 一九二〇年代後半のジードルンク建設を中心に〉, 《史林》 92(1), 2009, 78頁.

26 _ 《엣센스 독한 사전》에는 임대 아파트 단지라고 번역돼 있다. 건축학 분야에서는 막사형 임대 아파트, 병영 막사 주택 등으로도 번역한다. 주거 공간이 마치 군대 막사와 같다고 해서 이런 이름이 붙었다. Miete는 임대차, 임대차 계약이라는 뜻이고, Kaserne는 군대 막사, 병사(兵舍)를 말한다. 일본에서는 임대 병사라는 번역어가 사용된다. 문수현 교수는 임대 병영이라고 번역한다.
문수현, 《주택, 시장보다 국가: 독일 주택정책 150년》, 이음, 2022, 43, 94쪽.

27 _ 문수현, 《주택, 시장보다 국가: 독일 주택정책 150년》, 이음, 2022, 43쪽.

28 _ 北村昌史, 〈ブルーノ・タウトとベルリンの住環境: 一九二〇年代後半のジードルンク建設を中心に〉, 《史林》 92(1), 2009, 79頁.

29 _ 北村昌史, 〈ブルーノ・タウトとベルリンの住環境: 一九二〇年代後半のジードルンク建設を中心に〉, 《史林》 92(1), 2009, 86頁.

30 _ 팔켄베르크 전원주택 단지(Gartenstadt Falkenberg), 브리츠 대단지

(Großsiedlung Hufeisensiedlung), 지멘스슈타트 대단지(Großsiedlung Siemensstadt), 쉴러파크 단지(Siedlung Schillerpark), 바이세 슈타트(Weiße Stadt), 칼 레기엔 단지(Wohnstadt Carl Legien).

31 _ 北村昌史, 〈ブルーノ・タウトとベルリンの住環境: 一九二〇年代後半のジードルンク建設を中心に〉, 《史林》 92(1), 2009, 90頁.

32 _ 사회민주당은 1차 대전 이후에야 비로소 주택 정책에 적극성을 보이기 시작하는데, 이유는 엥겔스를 비롯한 당 엘리트들의 주택에 대한 이해가 영향을 미쳤기 때문이다.
정현백, 《주거 유토피아를 꿈꾸는 사람들》, 당대, 2016, 165쪽.
엥겔스는 주거난 해결은 혁명 이후에야 가능하다는 입장이었다.
문수현, 《주택, 시장보다 국가: 독일 주택정책 150년》, 이음, 2022, 55쪽.

33 _ 北村昌史, 〈ブルーノ・タウトとベルリンの住環境: 一九二〇年代後半のジードルンク建設を中心に〉, 《史林》 92(1), 2009, 87頁.

34 _ 문수현, 《주택, 시장보다 국가: 독일 주택정책 150년》, 이음, 2022, 151쪽.

35 _ 정현백, 《주거 유토피아를 꿈꾸는 사람들》, 당대, 2016, 139쪽.

36 _ 정현백, 《주거 유토피아를 꿈꾸는 사람들》, 당대, 2016, 122, 131쪽.

37 _ Ralf Schönball, 〈Experte warnte vor Privatisierung von Wohnungen "Es hieß: Weg mit den Häusern!"〉, 《Der Tagesspiegel》, 2019. 2. 23.

38 _ 뉴욕의 주택 사정, 젠트리피케이션에 대한 지지와 저항을 현지의 각 당사자의 목소리로 전달하는 다음 문헌을 참고할 것.
DW 깁슨(김하현譯), 《뜨는 동네 딜레마, 젠트리피케이션》, 눌와, 2016.

39 _ Andrej Holm, 〈Privatisierung der Berliner Wohnungsbaugesellschaften〉.

40 _ Andrej Holm, 〈Privatisierung der Berliner Wohnungsbaugesellschaften〉.

41 _ 보노비아와 도이체보넨은 독일 주식 시장 상장 주택 기업 가운데 가장 큰 두 개의 회사다. 이 두 회사가 보유한 물량만도 2017년 현재 80만 호다. 보노비아는 노무라 뱅킹 그룹과 영국계 부동산 회사인 테라 퍼마에서 출발한 기업인데 단기간에 엄청난 주택을 소유하면서 독일 주택 기업 중 절대 강자로 떠올랐다. 베를린시 소유 주택 등 대단지 주택을 매수한 것이 결정적이었다.
문수현, 《주택, 시장보다 국가: 독일 주택정책 150년》, 이음, 2022, 151쪽.

42 _ 게다가 이 70만 호 중에는 철도 공무원 사택도 포함돼 있다.
문수현, 《주택, 시장보다 국가: 독일 주택정책 150년》, 이음, 2022, 324쪽.

43 _ 주요 국가의 주택 점유 형태 추이로는 우선 다음 자료를 참고할 것.
김수현 외 5인, 《주거복지의 새로운 패러다임》, 사회평론, 2011, 282쪽.

44 _ Statista, 〈Anteil der Miet- und Eigentumswohnungen in ausgewählten Städten in Deutschland im Jahr 2019〉.

45 _ 문수현, 《주택, 시장보다 국가: 독일 주택정책 150년》, 이음, 2022, 125쪽.

46 _ 민달팽이유니온. 〈서유럽 주거도시 민생기행1: 베를린세입자협회(Berliner mieterverein), 베를린시립주택공사(WBM)〉, 2020. 5. 11.

47 _ 독일의 주거 정치 내에서 베를린의 특수성이 있듯이, 한국의 주거 정치에서 서울이 갖는 의미도 나름 특수하다. 예컨대 서울의 경우 자가 소유 비율이 최근 줄었지만, 전국적인 통계는 이것과는 다른 방향을 보여 준다.
신현방 외 10인, 《안티 젠트리피케이션, 무엇을 할 것인가?》, 동녘, 2017, 25쪽.

48 _ Statista, 〈Eigentümerquote in Deutschland im Zeitraum von 1998 bis 2018 nach Bundesländern〉.

49 _ Erik Peter, 〈Boom der Umwandlung〉, 《taz》, 2021. 8. 15.

50 _ Michael Fabricius, 〈Das müssen Sie über die Mietpreisbremse wissen〉, 《Die Welt》, 2016. 4. 2.

51 _ 2018년 현재 독일 내에는 저소득층도 쉽게 들어가 살 수 있는 '지불 가능한 값싼 (bezahlbar, affordable)' 주택이 약 200만 호가 부족하다.
Andrej Holm et al., 〈Wie viele und welche Wohnungen fehlen in deutschen Großstädten?〉, 《Working Paper Forschungsförderung》 63, 2018, S. 84.

52 _ 카트린 롬프셔(Katrin Lompscher)는 2016년 12월에서 2020년 8월 사이, 베를린 연립 정부의 도시 발전 및 주거 문제 담당 장관이었다. 베를린 헌법에 따르면 행정은 주 참사회가 담당하며(제55조 제1항), 주 참사회는 시장 외에 최대 열 명의 장관 (Senatoren)으로 구성된다(제55조 제2항). 시장은 장관의 임명권을 가지며(제56조 제1항), 각 장관은 해당 부(部)를 지휘한다.

53 _ Spiegel Online, 〈Fünf Jahre keine Erhöhung: Berliner Senat einigt sich auf Mietendeckel〉, 2019. 6. 18.

54 _ Beschluss vom 25. März 2021: 2 BvF 1/20, 2 BvL 5/20, 2 BvL 4/20.

55 _ 다만, 연방헌법재판소의 결정에도 불구하고, 주(州)에게도 주택 시장을 규율할 공 법적 권한이 존재한다는 반론도 만만치 않다.
Andreas Fischer-Lescano/Andreas Gutmann/Christoph U. Schmid, 〈Landeskompetenzen für Massnahmen der Mietpreisregulierung〉, Rosa Luxemburg Stiftung, 2019.

56 _ 김수현 외 5인, 《주거복지의 새로운 패러다임》, 사회평론, 2011, 281쪽.

57 _ G. 에스핑앤더슨(박시종 譯), 《복지 자본주의의 세 가지 세계》, 성균관대학교출판 부, 2007, 29쪽 이하.

58 _ 대표적으로 케메니의 연구를 들 수 있다. 그는 각국의 주택 점유 형태 분포와 복지

체제, 임대 시장의 특성 분석 등을 통해 독특한 임대 시장 유형론을 제기하고 있다.
김수현 외 5인, 《주거복지의 새로운 패러다임》, 사회평론, 2011, 110-111쪽, 284쪽
참고.

59 _ 문수현, 《주택, 시장보다 국가: 독일 주택정책 150년》, 이음, 2022, 16쪽.

60 _ 문수현, 《주택, 시장보다 국가: 독일 주택정책 150년》, 이음, 2022, 40, 91, 96, 143,
285쪽 참고.

61 _ 한국의 자가 주택 비중은 2015년 56퍼센트로 자유주의 레짐의 평균 수준보다 낮
다. 이 점은 독일과 유사하지만, 민간 임대 주택의 대부분이 법인이나 조합이 아닌 개인
이나 가족 단위 다주택자의 소유물이라는 점에서 독일과 다르다.
김명수, 《내 집에 갇힌 사회》, 창비, 2020, 17쪽 참고.

62 _ 문수현, 《주택, 시장보다 국가: 독일 주택정책 150년》, 이음, 2022, 285쪽.

63 _ 문수현, 《주택, 시장보다 국가: 독일 주택정책 150년》, 이음, 2022, 326-327쪽
참고.

64 _ 이 기획 기사는 이후 한 권의 책으로 묶여 나왔다.
경향신문 특별취재팀, 《어디 사세요?》, 사계절, 2010.

65 _ 경향신문 특별취재팀, 《어디 사세요?》, 사계절, 2010, 290쪽.

66 _ Helena Wittlich et al., 〈Wer profitiert vom Berliner Mietmarkt?〉, 《Der
Tagesspiegel》, 2019. 6. 28.

67 _ 2011년에는 베를린 주택 시장의 86퍼센트가 임대 주택(전체 190만 호의 주택 중
163만 호가 임대 주택)이었다. 그러나 2019년 자료에는 이 비율이 81.5퍼센트까지 떨
어진 것으로 나온다. 독일은 원래 세입자의 나라지만, 특히 베를린의 임대 주택은 전체
주택 중 90퍼센트 가까이에 이를 정도로 그 비율이 높았다.
wohnenswerte Stadt, 〈Senatsverwaltung für Stadtentwicklung, Berlin〉, 2011.

Helena Wittlich et al., 〈Wer profitiert vom Berliner Mietmarkt?〉, 《Der Tagesspiegel》, 2019. 6. 28.

68 _ 임대료 상승은 세계적인 현상이다. 같은 해 밴쿠버가 16퍼센트, 홍콩이 14.8퍼센트나 상승했다.
Joanna Kusiak, 〈Berlin's grassroots plan to renationalise up to 200,000 ex-council homes from corporate landlords〉, 《The Conversation》, 2019. 3. 5.

69 _ 독일 민법전의 소개는 다음의 번역본에 의거했다.
양창수, 《2021년판 독일민법전: 총칙·채권·물권》, 박영사, 2021.

70 _ 제573조 제2항 "임대차 관계의 종료에 대한 임대인의 정당한 이익은 특히 다음 각 호의 경우에 인정된다. (…) 2. 임대인이 그 공간을 자신, 그의 가족 구성원 또는 그의 세대에 속하는 사람의 주거로 필요로 하는 때 (…)."

71 _ 필자가 독일의 언론 보도를 통해 접한 주택 임대차 분쟁 사례 중에는 한 집에서 45년을 살다가 계약 해지 통보를 받은 케이스도 있다. 이 통보를 받은 할머니는 인지증을 앓고 있으며 45년째 그 집에서 아들과 함께 살고 있었다.
Andreas Gandzior, 〈Seniorin wird wegen Eigenbedarfs gekündigt: Urteil vertagt〉, 《Berliner Morgenpost》, 2019. 4. 17.

72 _ '주택 사용 임대차 관계에 대한 해지 보호에 관한 제2차 법률(Zweites Gesetz über den Kündigungsschutz für Mietverhältnisse über Wohnraum)'. 1974. 12. 18. 공포.
독일 민법 주석서들은 1900년부터 2018년까지 전 시기에 걸친 독일 주택 임대차법의 역사를 자세하게 다룬다. 대표적으로는 아래 출처를 참고.
《Staudinger BGB, Neubearbeitung 2018》, Otto Schmidt/De Gruyter, Vorbemerkung § 535, Rn. 1-16b.

73 _ 문수현, 《주택, 시장보다 국가: 독일 주택정책 150년》, 이음, 2022, 278쪽.

74 _ BVerfG, Beschluss vom 08.01.1985 – BvR 792/83. 1·BvR; BVerfGE 68, 361.

75 _ BVerfG, Beschluss vom 26.05.1993 - BvR 208/93. 1 BvR; BVerfGE 89, 1.

76 _ 똑일 연방헌법재판소의 '임차인 재산권 판결'에 대한 자세한 소개는 필자의 다음 논문을 참고하라.
이계수, 〈주거권의 재산권적 재구성: 강제 퇴거금지법 제정운동에 붙여〉, 《민주법학》 46, 2011, 13-55쪽.

77 _ 1979년에 설립된 이 단체는 "국가적, 경제적 혹은 사회적 권력 행사(Machtansprüche)에 맞서 시민의 권리와 인권을 방어하고 법의 진보적 발전에 조력하는 것을 목표"로 내걸고 있다. https://www.rav.de 참고.

78 _ 필자는 2018년 4월 14일 베를린 포츠담 광장에서 열린 세입자 집회 현장에서 위와 같은 발언을 들었다.

79 _ LG Berlin vom 12.3.2019. Az.: 67 S 345/18.

80 _ 자세한 내용은 다음 기사를 참고할 것.
Dominik Bath, 〈Berliner Landgericht stärkt Rechte alter Mieter〉, 《Berliner Morgenpost》, 2019. 3. 12.

81 _ 원문은 다음과 같다.
Erhaltung baulicher Anlagen und der Eigenart von Gebieten(Erhaltungssatzung).

82 _ BVerwG 4 C 1.20, Urteil vom 09. November 2021.

83 _ 편해문, 《놀이터, 위험해야 안전하다》, 소나무, 2015, 157쪽.

84 _ 우자와 히로후미 외 2인(이창기 외 2인 譯), 《사회적 자본으로 읽는 21세기 도시》, 미세움, 2013, 168쪽.

85 _ Sönke Matschurek, 〈Solidarisches Miteinander in Berlin-Buckow - Neuköllner Jugendliche gewinnen Deutschen Kinder- und Jugendpreis〉,

《Tagesspiegel》, 2023. 7. 5.

86 _ 베를린의 경우 '주택 전용 금지법(Zweckentfremdungsverbot-Gesetz) 개정 법률(2018년)'을 통해 에어비앤비와 같은 민박집의 등록을 의무화했다.

87 _ https://www.berlin.de/special/shopping/einkaufscenter

88 _ 이상의 설명은 필자가 2018년 5월 4일, 한국법제연구원의 최유경 박사와 함께 베를린상공회의소를 방문했을 때 면담했던 담당자로부터 청취한 것이다. 그는 다음과 같은 의견도 덧붙였다. 베를린상공회의소는 오로지 업자들만의 이익을 위해 일하지는 않는다. 예컨대 판코우 시민 공원(Bürgerpark Pankow) 지역에 새로운 쇼핑 센터가 계획됐을 때 상공회의소는 반대했고, 이 계획이 결국 철회되는 데 일정한 역할을 했다고 한다.

89 _ 다만, 이러한 일요일 개점 금지는 온라인 판매가 늘어나면서 점차 그 의미가 무색해지고 있는 것도 사실이다. 그래서 어떤 주교는 일요일 예배 시간에는 온라인 쇼핑을 차단하자는 '웃기는' 주장도 했다고 한다.

90 _ 온라인 판매 등이 늘어나고 있고, 인구학적 변화가 발생하면서 상점 폐점이나 일요일 개점과 관련하여 전국적으로 하나의 모델을 만드는 것은 어려워지고 있다. 아마존과 같은 온라인 사업자가 기존 오프라인 소매업에 미치는 영향도 품목, 도시마다 각각 다르기 때문이다.

91 _ Urteile der 4. Kammer vom 5. April 2019(VG 4 K 527.17 und VG 4 K 322.18).

92 _ Jakob Augstein, 〈Enteignung ist ein Instrument〉, 《der Freitag》, 2017. 6. 14.

93 _ David Harvey, 《Rebel Cities: From the right to the city to the urban revolution》, Verso, 2012, pp. 156-157.

94 _ 하시모토 겐지(김영진 · 정예지 譯), 《계급도시》, 킹콩북, 2019, 46쪽.

95 _ Yara Andree, 〈Die (Re-)Politisierung des Rechts auf Wohnen: Über die Kämpfe von lokalen Mieter*innenbewegungen gegen Gentrifizierung und für bezahlbares Wohnen in Berlin〉, 《Opusculum》151, 2021, S. 6.

96 _ 카를 마르크스(황선길 譯), 《자본 1(상)》, 라움, 2019, 59쪽.

97 _ 斎藤幸平, 《NHK 100分 de 名著 カ_ル· マルクス 〈資本論〉》, NHK出版, 2020, 17頁.

98 _ 斎藤幸平, 《NHK 100分 de 名著 カ_ル· マルクス 〈資本論〉》, NHK出版, 2020, 19頁.

99 _ 斎藤幸平, 《NHK 100分 de 名著 カ_ル· マルクス 〈資本論〉》, NHK出版, 2020, 18-19頁.

100 _ 칼 폴라니(홍기빈 譯), 《거대한 전환》, 길, 2009, 243-244쪽.

101 _ 일본의 행정법학자 이소베는 도시 공간 전체를 하나의 환경 공물로서 파악하는 독특한 견해를 제시한 바 있다. 자세한 것은 필자의 다음 글을 참고할 것.
이계수, 〈도시민의 불복종과 도시법의 도전〉, 《민주법학》 56, 2014, 159쪽 이하.
磯部力, 〈公物管理から環境管理へ: 現代行政法における「管理」の概念をめぐる一考察〉, 《国際化時代の行政と法》, 良書普及会, 1993, 46頁.

102 _ 앨런 라이언(남경태 · 이광일 譯), 《정치사상사》, 문학동네, 2017, 201-202쪽.

103 _ 안토니오 네그리 · 마이클 하트(정남영 · 윤영광 譯), 《공통체》, 사월의책, 2014, 37-45쪽.

104 _ 磯部力, 〈公物管理から環境管理へ: 現代行政法における「管理」の概念をめぐる一考察〉, 《国際化時代の行政と法》, 1993, 46頁.

105 _ Henri Lefebvre, 《Der Dialektische Materialismus》, Suhrkamp, 1971, S. 134.

106 _ 이안 앵거스 외 39인(김현우 외 2인 譯), 《기후정의》, 이매진, 2012, 99-101쪽 참고.

107 _ 이안 앵거스 외 39인(김현우 외 2인 譯), 《기후정의》, 이매진, 2012, 113쪽.

108 _ 신현방 외 10인, 《안티 젠트리피케이션, 무엇을 할 것인가?》, 동녘, 2017, 281쪽 참고.

109 _ 이안 앵거스 외 39인(김현우 외 2인 譯), 《기후정의》, 이매진, 2012, 99쪽 참고.

110 _ 礒部力, 〈公物管理から環境管理へ: 現代行政法における「管理」の概念をめぐる一考察〉, 《国際化時代の行政と法》, 良書普及会, 1993, 42頁.

111 _ 우자와 히로후미 외 2인(이창기 외 2인 譯), 《사회적 자본으로 읽는 21세기 도시》, 미세움, 2013, 25쪽 참고.

112 _ 앤디 메리필드(김병화 譯), 《마주침의 정치》, 이후, 2015, 58쪽 참고.

113 _ 앤디 메리필드(김병화 譯), 《마주침의 정치》, 이후, 2015, 333쪽, 각주 28번.

114 _ Henri Lefebvre/Birgit Althaler(Übersetzung), 《Das Recht auf Stadt》, Edition Nautilus, 2016, S. 147.

115 _ David Harvey, 《Rebel Cities: From the right to the city to the urban revolution》, Verso, 2012, p. 138; 데이비드 하비(한상연 譯), 《반란의 도시: 도시에 대한 권리에서 점령운동까지》, 에이도스, 2014, 235쪽.

116 _ 필자는 도시에 대한 권리와 총유의 관점에서 '공물로서의 도시'를 법리적으로 검토하는 시론적 논의를 이미 한 바 있다.

이계수, 〈도시민의 불복종과 도시법의 도전〉, 《민주법학》 56, 137쪽 이하.

117 _ 문수현, 《주택, 시장보다 국가: 독일 주택정책 150년》, 이음, 2022, 99쪽, 각주 28번.

118 _ Thomas Spitzlei, 〈Baurechtliche Instrumentarien gegen die Zweckentfremdung von Wohnraum〉, 《Juristische Ausbildung》 42(4), 2020, S. 334-335.
주택 전용 허가가 예외적 허가라는 점은 본문에서 소개하는 1975년의 독일 연방헌법재판소의 결정에서도 확인됐다.

119 _ 주택의 전용 금지는 제1차 대전 시기부터 등장한 오래된 규제 수단이다.
Heleg Sodan, 《Verfassungs- und andere Rechtsprobleme von Berliner Regelungen über das Verbot der Zweckentfremdung von Wohnraum》, Duncker & Humblot, 2015, S. 15 이하.

120 _ 정식 명칭은 다음과 같다. Gesetz zur Verbesserung des Mietrechts und zur Begrenzung des Mietanstiegs sowie zur Regelung von Ingenieur- und Architektenleistungen vom 4. November 1971.

121 _ 이상의 요약은 佐藤岩夫, 〈国民の住宅保障と所有権の制限: 西ドイツにおける住宅転用禁止制度を素材として〉, 《行政社会論集》 1(1·2), 1988, 166頁.

122 _ 커먼즈론을 영국법(학)과 미국법(학)의 맥락에서 검토한 것으로 다음을 참고할 것.
김영희, 〈커먼즈적 공유에 관한 고찰〉, 《법과사회》 57, 2018, 153-204쪽.

123 _ Michael Sontheimer/Peter Wensierski, 《Berlin, Stadt der Revolte》, Ch. Links Verlag, 2018, S. 232.
제2차 대전 이후 1980년대까지 동독 지역의 주택 사정에 관한 일반적인 설명으로는 Alexander Vasudevan, 《Metropolitan preoccupations: The spatial politics of squatting in Berlin》, Wiley Blackwell, 2015, S. 138 이하를 참고할 것.

124 _ 카를 마르크스 · 프리드리히 엥겔스 외(김대웅 譯),《마르크스 엥겔스 주택 문제와 토지 국유화》, 노마드, 2019, 35쪽.

125 _ Aus Recht auf Stadt, Plattform fuer stadtpolitisch Aktive,〈Recht auf Stadt: mehr als eine griffige Parole?〉, 2011.

126 _ 장 뤽 멜랑숑(강주헌 譯),《인간이 먼저다》, 위즈덤하우스, 2012, 39쪽 참고.

127 _ DW 깁슨(김하현譯),《뜨는 동네 딜레마, 젠트리피케이션》, 눌와, 2016, 280쪽.

128 _ Andrej Holm, 〈Privare heißt Rauben: Zur Ökonomie von Wohnungsprivatisierungen〉,《Zeitschrift marxistische Erneuerung》 83, 2010, S. 46 이하.

129 _ 신현방 외 10인,《안티 젠트리피케이션, 무엇을 할 것인가?》, 동녘, 2017, 16쪽.

130 _ Hartmut Häußermann/Andrej Holm,Daniela Zunzer,《Stadterneuerung in der Berliner Republik: Modernisierung in Berlin-Prenzlauer Berg》, Leske+Budrich, 2002, S. 41 이하는 프렌츠라우어베르크 지역의 거주자 구조의 변화를 소득 수준과 대학 입학 자격(Abitur) 취득 여부를 통해 살펴보고 있다. 1991년과 1999년 사이에 고소득자와 대학 입학 자격 취득자의 수는 거의 두 배 가까이 증가한 것을 확인할 수 있다.

131 _ 서구에서 관찰된 젠트리피케이션을 한국 상황에 적용하는 것에 대해 이견도 있지만, 이 개념을 수용하는 이들, 특히 젠트리피케이션 반대 운동은 개발주의와 신자유주의에 기반을 둔 도시 개발 정치의 불공정성을 인식하고 이에 대한 저항과 대안을 찾아가는 데 이 개념이 유용하다고 본다.
이선영 외 20인,《도시재생과 젠트리피케이션》, 한울아카데미, 2018, 95-96쪽.
즉, 젠트리피케이션이라는 개념은 '젠트리'에 의한 도시 재구조화라는 계급적 측면을 드러낼 수 있다.

132 _ leftvision, 〈Gentrification heißt Verdrängung: Andrej Holm im Gespräch -

Teil 1〉, 2013. 7. 22.

133 _ DW 깁슨(김하현譯), 《뜨는 동네 딜레마, 젠트리피케이션》, 눌와, 2016, 280쪽.

134 _ 이선영 외 20인, 《도시재생과 젠트리피케이션》, 한울아카데미, 2018, 213-368쪽 참고.

135 _ 올림픽, 월드컵과 같은 메가 스포츠 행사에 수반하는 '폭력적인 도시 정비=빈민 축출'에 저항한 대표적 사례로 2010년 남아공 월드컵 당시 판잣집 거주자(shack dwellers)들이 조직한 'Abahlali baseMjondolo 운동'을 들 수 있다.
Andrej Holm et al., 《Initiativen für ein Recht auf Stadt: Theorie und Praxis städtischer Aneignung》, VSA-Verlag, 2011, S. 7.

136 _ 1940년 중반에 이미 최초의 게체콘두 지역이 만들어졌다. 제2차 대전이 끝나고 미국의 마샬 플랜 하에 유럽 재건 프로젝트가 시작되면서 본격화한 농촌의 몰락 및 도시화는 게체콘두를 등장시킨 원인이다.
Fabian Damioli/Sulukule, 《Bizim Mahalle: Eine Einführung in den städteplanerischen Wahnsinn von Istanbul》, Istanbul, 2012, S. 5.

137 _ 김수현, 《가난이 사는 집: 판자촌의 삶과 죽음》, 오월의 봄, 2022, 5쪽.
"판자촌은 농촌을 떠난 가난한 사람들이 도시 생활에 적응하고, 또 빈곤 속에서도 버틸 수 있도록 한 사회 · 경제적 공동체였다."
김수현, 《가난이 사는 집: 판자촌의 삶과 죽음》, 오월의 봄, 2022, 86-87쪽.

138 _ Arte. tv, 〈Wem gehören unsere Städte?〉, 2015. 9. 1. 21:40-23:15 방영.

139 _ 1999년 대지진으로 1만 8373명이 공식 사망했고 어림잡아 5만 명이 부상당했다. 진원지는 이슬탄불 동쪽 약 100킬로미터 지점의 이즈미트라는 도시였다. 지진 피해가 커진 데는 센 지진 강도 외에도 건설업자들의 날림 공사도 크게 한몫했다. 국민들 사이에서 이들 돈만 아는 업자들에 대한 분노가 폭발했고, 2000건이 넘는 재판 절차가 개시됐지만, 이 중 1800건은 처벌 법규의 미비로 절차가 중단됐다. 결국 40명의 건설업자만이 유죄 판결을 받았고, 이중 오직 한 사람만 징역살이를 했다. 지난 몇 년간에는 지

진에 대한 경고가 많이 나왔고, 특히 지난 2~3년 사이엔 1999년 대지진보다 더 센 지진이 올 거라고 경고한 전문가들이 많았는데, 결국 이는 2023년 대지진으로 현실화했다. Christian Buttkereit/Marion Sendker, 〈20 Jahre nach der Katastrophe: Istanbul und die Erdbebengefahr〉, Deutschlandfunk, 2019. 8. 13.

140 _ UN 해비타트 2020년 보고에 따르면 튀르키예의 판자촌 거주 비율은 2010년 27퍼센트에서 2018년 7퍼센트로 현격히 떨어진 것으로 나온다. 김수현, 《가난이 사는 집: 판자촌의 삶과 죽음》, 오월의 봄, 2022, 262쪽.

141 _ Christian Buttkereit/Marion Sendker, 〈20 Jahre nach der Katastrophe: Istanbul und die Erdbebengefahr〉, Deutschlandfunk, 2019. 8. 13.

142 _ leftvision, 〈Recht auf Stadt: Andrej Holm im Gespraäch – Teil 3〉, 2013. 8. 23.

143 _ Catarina Gomes de Matos/Alissa Starodub, 〈Es liegt auf der Straße, es hängt in Bäumen und versteckt sich unter Pflastersteinen: Das Recht auf Stadt in Theorie und Praxis〉, 《Kritische Justiz》 49(1), 2016, S. 21.

144 _ 이에 대해서는 다음을 참고할 것. 여경수, 〈국제연합 해비타트 Ⅲ의 새로운 도시의제에 비추어 본 도시재생법제의 과제〉, 《일감부동산법학》 23, 2021, 263-301쪽.

145 _ Alexander Vasudevan, 《Metropolitan preoccupations: The spatial politics of squatting in Berlin》, Wiley Blackwell, 2015, S. 144.

146 _ Alexander Vasudevan, 《Metropolitan preoccupations: The spatial politics of squatting in Berlin》, Wiley Blackwell, 2015, S. 138.

147 _ Alexander Vasudevan, 《Metropolitan preoccupations: The spatial politics of squatting in Berlin》, Wiley Blackwell, 2015, S. 138.

148 _ Alexander Vasudevan, 《Metropolitan preoccupations: The spatial politics of squatting in Berlin》, Wiley Blackwell, 2015, S. 139.

149 _ 1950년대 말 이후 크로이츠베르크 지역의 분위기는 다음을 참고할 것.
Michael Sontheimer/Peter Wensierski, 《Berlin, Stadt der Revolte》, Ch. Links Verlag, 2018, S. 63-65.

150 _ 당시 크로이츠베르크 지역을 두고 사람들은 "여기서 세상은 끝났다(Hier war die Welt zu Ende)"고 말했다.
Michael Sontheimer/Peter Wensierski, 《Berlin, Stadt der Revolte》, Ch. Links Verlag, 2018, S. 63.

151 _ 1980년대 크로이츠베르크의 외국인 비중은 공식 통계로도 3분의 1에 달했다. 여기에 미등록 외국인의 수를 추가하면 그 수는 더 많았을 것으로 추정된다.
Karl Christian Führer, 《Die Stadt, das Geld und der Markt: Immobilienspekulation in der Bundesrepublik 1960-1985》, De Gruyter Oldenbourg, 2016, S. 194.

152 _ Catarina Gomes de Matos/Alissa Starodub, 〈Es liegt auf der Straße, es hängt in Bäumen und versteckt sich unter Pflastersteinen: Das Recht auf Stadt in Theorie und Praxis〉, 《Kritische Justiz》 49(1), 2016, S. 26, 각주 51번.

153 _ Barbara Lang, 《Mythos Kreuzberg: Ethnographie eines Stadtteils(1961-1995)》, Campus Verlag, 1998, S. 120.
이홍경, 〈유휴공간에서 피어난 청년문화 공간: 베를린의 '젊은 세입자들' 프로젝트〉, 《독일문학》 58(3), 2017, 122쪽에서 재인용.

154 _ Catarina Gomes de Matos/Alissa Starodub, 〈Es liegt auf der Straße, es hängt in Bäumen und versteckt sich unter Pflastersteinen: Das Recht auf Stadt in Theorie und Praxis〉, 《Kritische Justiz》 49(1), 2016, S. 29.

155 _ David Harvey, 《Rebel Cities: From the right to the city to the urban revolution》, Verso, 2012, p. 16; 데이비드 하비(한상연 譯), 《반란의 도시: 도시에 대

한 권리에서 점령운동까지〉, 에이도스, 2014, 46쪽.

156 _ Andrej Holm, 〈Zeitschleife Kreuzberg: Gentrification im langen Schatten der 'Behutsamen Stadterneuerung'〉, 《Zeithistorische Forschungen》 11, 2014, S. 303 이하.

157 _ 앤디 메리필드(김병화 譯), 《마주침의 정치》, 이후, 2015, 123쪽.

158 _ Henri Lefebvre, 《The Production of Space》, Wiley-Blackwell, 1991, S. 102.
앤디 메리필드(김병화 譯), 《마주침의 정치》, 이후, 2015, 124쪽에서 재인용.

159 _ 앤디 메리필드(김병화 譯), 《마주침의 정치》, 이후, 2015, 124쪽.

160 _ 강현수, 《도시에 대한 권리: 도시의 주인은 누구인가》, 책세상, 2010, 28쪽.

161 _ 앤디 메리필드(김병화 譯), 《마주침의 정치》, 이후, 2015, 80쪽.

162 _ Andreas Sonntag, 《Hamburg-Hafen City und das Recht auf Stadt: Urbanität unter dem Eindruck von technischer und sozialer Beschleunigung: Plädoyer für eine neue Idee von Nachhaltigkeit》, Kassel University Press, 2018, S. 64.

163 _ Kim Kannler, 〈Eine Gesellschaftskritik durch die Kategorie 'Raum' gedacht - Henri Lefebvres Plädoyer für das "Recht auf Stadt"〉, 《literaturkritik. de》, 2017.

164 _ Andreas Sonntag, 《Hamburg-Hafen City und das Recht auf Stadt: Urbanität unter dem Eindruck von technischer und sozialer Beschleunigung - Plädoyer für eine neue Idee von Nachhaltigkeit》, Kassel University Press, 2018, S. 65.

165 _ Henri Lefebvre/Birgit Althaler(Übersetzung), 《Das Recht auf Stadt》, Edition Nautilus, 2016, S. 33.

166 _ Henri Lefebvre/Birgit Althaler(Übersetzung), 《Das Recht auf Stadt》, Edition Nautilus, 2016, S. 180.

167 _ Catarina Gomes de Matos/Alissa Starodub, 〈Es liegt auf der Straße, es hängt in Bäumen und versteckt sich unter Pflastersteinen: Das Recht auf Stadt in Theorie und Praxis〉, 《Kritische Justiz》 49(1), 2016, S. 20.

168 _ Henri Lefebvre/Birgit Althaler(Übersetzung), 《Das Recht auf Stadt》, Edition Nautilus, 2016, S. 189.

169 _ 酒井隆史, 〈都市への権利」が問うもの: 法·権利の主体とその変容について〉, 《法社会学》 64, 2006, 81頁.

170 _ Henri Lefebvre/Birgit Althaler(Übersetzung), 《Das Recht auf Stadt》, Edition Nautilus, 2016, S. 189.

171 _ Henri Lefebvre/Birgit Althaler(Übersetzung), 《Das Recht auf Stadt》, Edition Nautilus, 2016, S. 82.

172 _ Andrej Holm et al., 《Initiativen für ein Recht auf Stadt: Theorie und Praxis städtischer Aneignung》, VSA-Verlag, 2011, S. 8.

173 _ 인권운동사랑방 상임 활동가 미류는 다음 글에서 이 점을 간략하게 요약하고 있다.
신현방 외 10인, 《안티 젠트리피케이션, 무엇을 할 것인가?》, 동녘, 2017, 37-51쪽.
강제 퇴거 금지법에 대한 필자의 글로는 다음을 참고할 것.
이계수, 〈주거권의 재산권적 재구성: 강제 퇴거금지법 제정운동에 붙여〉, 《민주법학》 46, 2011, 13-55쪽.

174 _ Yara Andree, 〈Die (Re-)Politisierung des Rechts auf Wohnen: Über die Kämpfe von lokalen Mieter*innenbewegungen gegen Gentrifizierung und für bezahlbares Wohnen in Berlin〉, 《Opusculum》 151, 2021, S. 12.
Henri Lefebvre/Birgit Althaler(Übersetzung), 《Das Recht auf Stadt》, Edition Nautilus, 2016, S. 169 이하. 또한 S. 18(이 책에 붙인 Christoph Schäfer의 서문 중).

175 _ 강현수, 《도시에 대한 권리: 도시의 주인은 누구인가》, 책세상, 2010, 32쪽.

176 _ Henri Lefebvre/Birgit Althaler(Übersetzung), 《Das Recht auf Stadt》, Edition Nautilus, 2016, S. 45.

177 _ Henri Lefebvre/Birgit Althaler(Übersetzung), 《Das Recht auf Stadt》, Edition Nautilus, 2016, S. 45.

178 _ Andreas Sonntag, 《Hamburg-Hafen City und das Recht auf Stadt: Urbanität unter dem Eindruck von technischer und sozialer Beschleunigung - Plädoyer für eine neue Idee von Nachhaltigkeit》, Kassel University Press, 2018, S. 66.

179 _ Henri Lefebvre/Birgit Althaler(Übersetzung), 《Das Recht auf Stadt》, Edition Nautilus, 2016, S, 216.

180 _ Henri Lefebvre/Birgit Althaler(Übersetzung), 《Das Recht auf Stadt》, Edition Nautilus, 2016, S. 165-166.

181 _ 앤디 메리필드(김병화 譯), 《마주침의 정치》, 이후, 2015, 87쪽.

182 _ Andreas Sonntag, 《Hamburg-Hafen City und das Recht auf Stadt: Urbanität unter dem Ein-Druck von technischer und sozialer Beschleunigung - Plädoyer für eine neue Idee von Nachhaltigkeit》, Kassel University Press, 2018, S. 66.

183 _ Andrej Holm et al., 《Initiativen für ein Recht auf Stadt: Theorie und Praxis städtischer Aneignung》, VSA-Verlag, 2011, S. 8.

184 _ 여기서 말하는 '지식의 장소로 접근할 수 있는 권리'는 오늘날의 도시 생활과 관련하여 여러 가지를 생각하게 한다. 필자는 이와 관련하여 제일 먼저 마을 한가운데 도서관을 두는 북유럽 사례를 떠올렸다.
윤송현, 《모든 것은 도서관에서 시작됐다: 북유럽 도서관과 복지국가의 비밀》, 학교도서관저널, 2022.

185 _ Henri Lefebvre/Birgit Althaler(Übersetzung), 《Das Recht auf Stadt》, Edition Nautilus, 2016, S. 9(이 책에 붙인 Christoph Schäfer의 서문 중).

186 _ Andrej Holm et al., 《Initiativen für ein Recht auf Stadt: Theorie und Praxis städtischer Aneignung》, VSA-Verlag, 2011, S. 9.

187 _ Aus Recht auf Stadt, Plattform fuer stadtpolitisch Aktive, 〈Recht auf Stadt: mehr als eine griffige Parole?〉, 2011.

188 _ Andrej Holm et al., 《Initiativen für ein Recht auf Stadt: Theorie und Praxis städtischer Aneignung》, VSA-Verlag, 2011, S. 10.

189 _ Sonja Buckel/Tino Petzold, 〈Einleitung in den Schwerpunkt〉, 《Kritische Justiz》 49(1), 2016, S. 14.
또한 프랑스 68운동과 당시의 도시 상황에 대해서는 다음을 참고할 것.
강현수, 《도시에 대한 권리: 도시의 주인은 누구인가》, 책세상, 2010, 24-27쪽.

190 _ David Harvey, 《Rebel Cities: From the right to the city to the urban revolution》, Verso, 2012, xv; 데이비드 하비(한상연 譯), 《반란의 도시: 도시에 대한 권리에서 점령운동까지》, 에이도스, 2014, 18쪽.
또한 Catarina Gomes de Matos/Alissa Starodub, 〈Es liegt auf der Straße, es hängt in Bäumen und versteckt sich unter Pflastersteinen: Das Recht auf Stadt

in Theorie und Praxis〉, 《Kritische Justiz》 49(1), 2016, S. 29.

191 _ Andrej Holm et al., 《Initiativen für ein Recht auf Stadt: Theorie und Praxis städtischer Aneignung》, VSA-Verlag, 2011, S. 10-11.

192 _ 강현수, 《도시에 대한 권리: 도시의 주인은 누구인가》, 책세상, 2010, 42-47쪽 참고.

193 _ Catarina Gomes de Matos/Alissa Starodub, 〈Es liegt auf der Straße, es hängt in Bäumen und versteckt sich unter Pflastersteinen: Das Recht auf Stadt in Theorie und Praxis〉, 《Kritische Justiz》 49(1), 2016, S. 27.

194 _ 브라질 도시법에 대한 개괄적인 소개는 다음 책을 참고.
강현수, 《도시에 대한 권리: 도시의 주인은 누구인가》, 책세상, 2010, 52-55쪽.

195 _ Sonja Buckel/Tino Petzold, 〈Einleitung in den Schwerpunkt〉, 《Kritische Justiz》 49(1), 2016, S. 15 참고.

196 _ Catarina Gomes de Matos/Alissa Starodub, 〈Es liegt auf der Straße, es hängt in Bäumen und versteckt sich unter Pflastersteinen: Das Recht auf Stadt in Theorie und Praxis〉, 《Kritische Justiz》 49(1), 2016, S. 27.

197 _ 데 소우자의 해석이다. 데 소우자는 이러한 해석이 도시에 대한 권리가 갖는 원래의 급진적 요구를 "식민화"한다고 비판한다.
Marcelo Lopes de Souza, 〈Which right to which city? In Defence of political-strategic clarity〉, 《Interface: a journal for and about social movements》 2(1), 2010, S. 319.
식민지에는 식민지 구성원의 계층화가 존재한다. 따라서 '식민화'란 도시에 대한 권리에 의해 보호되는 국가의 공식적인 시민과 그렇지 않은 일반 거주자 사이의 차등적 대우를 의미한다고 일단 이해하면 될 것이다.

198 _ 이상 세 가지 비교는 Catarina Gomes de Matos/Alissa Starodub, 〈Es liegt

auf der Straße, es hängt in Bäumen und versteckt sich unter Pflastersteinen: Das Recht auf Stadt in Theorie und Praxis〉,《Kritische Justiz》49(1), 2016, S. 27-28을 요약한 것임.

199 _ Sonja Buckel/Tino Petzold, 〈Einleitung in den Schwerpunkt〉,《Kritische Justiz》49(1), 2016, S. 14.
또한 David Harvey,《Rebel Cities: From the right to the city to the urban revolution》, Verso, 2012, p. 4; 데이비드 하비(한상연 譯),《반란의 도시: 도시에 대한 권리에서 점령운동까지》, 에이도스, 2014, 26쪽.

200 _ 데이비드 하비는《Social Justice and the City》에서 르페브르의 '도시에 대한 권리' 구상을 영어권에 처음 소개했다. 하비의 르페브르 수용은 도시에 대한 권리가 국제적인 차원에서 학문적 논쟁의 대상으로 되는 데 공헌했다.
Catarina Gomes de Matos/Alissa Starodub, 〈Es liegt auf der Straße, es hängt in Bäumen und versteckt sich unter Pflastersteinen: Das Recht auf Stadt in Theorie und Praxis〉,《Kritische Justiz》49(1), 2016, S. 20.
《Social Justice and the City》는 한국에도 번역돼 소개됐다.
데이비드 하비(최병두 譯),《사회정의와 도시》, 종로서적, 1983.

201 _ David Harvey,《Rebel Cities: From the right to the city to the urban revolution》, Verso, 2012, p. 15, 136; 데이비드 하비(한상연 譯),《반란의 도시: 도시에 대한 권리에서 점령운동까지》, 에이도스, 2014, 18, 232쪽.
또한 앤디 메리필드(김병화 譯),《마주침의 정치》, 이후, 2015, 90쪽.

202 _ 데이비드 하비 외 2인(정병선 · 홍기빈 譯),《뉴 레프트 리뷰 2》, 도서출판 길, 2010, 348-349쪽.

203 _ Andrej Holm et al.,《Initiativen für ein Recht auf Stadt: Theorie und Praxis städtischer Aneignung》, VSA-Verlag, 2011, S. 16.

204 _ Marcelo Eibs Cafrune, 〈Das Recht auf Stadt in Brasilien. Genese,

Anspruch und Wirklichkeit des Rechts〉,《Kritische Justiz》49(1), 2016, S. 49-54.

205 _ Catarina Gomes de Matos/Alissa Starodub, 〈Es liegt auf der Straße, es hängt in Bäumen und versteckt sich unter Pflastersteinen: Das Recht auf Stadt in Theorie und Praxis〉,《Kritische Justiz》49(1), 2016, S. 22 참고.

206 _ Catarina Gomes de Matos/Alissa Starodub, 〈Es liegt auf der Straße, es hängt in Bäumen und versteckt sich unter Pflastersteinen: Das Recht auf Stadt in Theorie und Praxis〉,《Kritische Justiz》49(1), 2016, S. 24.

207 _ 〈Tausende Menschen fordern mehr Rechte für Flüchtlinge〉,《Die Welt》, 2015. 2. 2.

208 _ 마이크 데이비스의 다음 책은 이에 대한 포괄적인 사회학적 보고서이다.
마이크 데이비스(김정아 譯),《슬럼, 지구를 뒤덮다 – 신자유주의 이후 세계 도시의 빈곤화》, 돌베개, 2007.

209 _ Alexander Vasudevan,《Metropolitan preoccupations: The spatial politics of squatting in Berlin》, Wiley Blackwell, 2015, S. 12.

210 _ Reinhild Kreis, 〈Heimwerken als Protest: Instandbesetzer und Wohnungsbaupolitik in West-Berlin während der 1980er-Jahre〉, 《Zeithistorische Forschungen/Studies in Contemporary History》14, 2017, S. 41.

211 _ David Harvey,《Rebel Cities: From the right to the city to the urban revolution》, Verso, 2012, p. 8; 데이비드 하비(한상연 譯),《반란의 도시: 도시에 대한 권리에서 점령운동까지》, 에이도스, 2014, 34쪽 참고.

212 _ Jeff Hayton, 〈Book Review, Metropolitan Preoccupations: The Spatial Politics of Squatting in Berlin〉,《German history》35(1), 2017, p. 180.

213 _ Catarina Gomes de Matos/Alissa Starodub, 〈Es liegt auf der Straße, es hängt in Bäumen und versteckt sich unter Pflastersteinen: Das Recht auf Stadt in Theorie und Praxis〉, 《Kritische Justiz》 49(1), 2016, S. 19.

214 _ Michael Sontheimer, 〈Erste westdeutsche Hausbesetzung: Das ist unser Haus〉, Spiegel Online, 2020. 9. 19.

215 _ Georgy Katsiaficas, 《The Subversion of Politics: European Autonomous Social Movements and the Decolonization of Everyday Life》, AK Press, 2006, pp. 21-22.

216 _ Karl Christian Führer, 《Die Stadt, das Geld und der Markt: Immobilienspekulation in der Bundesrepublik 1960-1985》, De Gruyter Oldenbourg, 2016, S. 77-97.

217 _ 함부르크, 특히 하펜슈트라세(Hafenstraße)에서의 주택 점거 투쟁에 대한 개략적 소개로는 다음 문헌을 참고할 것.
정현백, 《주거 유토피아를 꿈꾸는 사람들》, 당대, 2016, 124-128쪽.

218 _ Georgy Katsiaficas, 《The Subversion of Politics: European Autonomous Social Movements and the Decolonization of Everyday Life》, AK Press, 2006, p. 63.

219 _ Wikipedia, 〈Frankfurter Häuserkampf〉.

220 _ Karl Christian Führer, 《Die Stadt, das Geld und der Markt: Immobilienspekulation in der Bundesrepublik 1960-1985》, De Gruyter Oldenbourg, 2016, S. 99-100.
베스트엔트(Westend) 지구의 엡슈타이너 슈트라세(Eppsteiner Straße) 47번지는 통상 독일 최초의 주택 점거지로 소개된다.
정현백, 《주거 유토피아를 꿈꾸는 사람들》, 당대, 2016, 193쪽.
그러나 필자가 보기에 어느 지역에서 제일 먼저 주택 점거가 발생했는가 하는 '논의'는 그렇게 중요하지 않다. 1960년대 말, 1970년대 초의 주택 점거는 독일 전역에서 거의 동시다발적으로 일어났기 때문이다. 필자가 주목하고 싶은 것은 본문에서도 설명하듯 프랑크푸르트와 베를린에서 각각 다르게 나타난 주택 점거의 동기와 맥락이다.

221 _ Michael Sontheimer, 〈Erste westdeutsche Hausbesetzung: Das ist unser Haus〉, Spiegel Online, 2020. 9. 19.

222 _ Sarah Klein, 〈Hausbesetzer: Als in Deutschland Steine flogen〉, 2018.

223 _ Karl Christian Führer, 《Die Stadt, das Geld und der Markt: Immobilienspekulation in der Bundesrepublik 1960-1985》, De Gruyter Oldenbourg, 2016, S. 100.

224 _ Karl Christian Führer, 《Die Stadt, das Geld und der Markt: Immobilienspekulation in der Bundesrepublik 1960-1985》, De Gruyter Oldenbourg, 2016, S. 100, 102.

225 _ Michael Grüttner, 《Wem die Stadt gehört. Stadtplanung und Stadtentwicklung in Hamburg 1965 – 1975》, Hamburg, 1976, S. 178, 180.
Karl Christian Führer, 《Die Stadt, das Geld und der Markt - Immobilienspekulation in der Bundesrepublik 1960-1985》, De Gruyter Oldenbourg, 2016, S. 187에서 재인용.

226 _ Karl Christian Führer, 《Die Stadt, das Geld und der Markt: Immobilienspekulation in der Bundesrepublik 1960-1985》, De Gruyter Oldenbourg, 2016, S. 187.

227 _ Karl Christian Führer, 《Die Stadt, das Geld und der Markt: Immobilienspekulation in der Bundesrepublik 1960-1985》, De Gruyter Oldenbourg, 2016, S. 187-188.

228 _ Karl Christian Führer, 《Die Stadt, das Geld und der Markt:

Immobilienspekulation in der Bundesrepublik 1960-1985〉, De Gruyter
Oldenbourg, 2016, S. 194.

229 _ Karl Christian Führer, 《Die Stadt, das Geld und der Markt:
Immobilienspekulation in der Bundesrepublik 1960-1985〉, De Gruyter
Oldenbourg, 2016, S 194-195.

230 _ Karl Christian Führer, 《Die Stadt, das Geld und der Markt:
Immobilienspekulation in der Bundesrepublik 1960-1985〉, De Gruyter
Oldenbourg, 2016, S. 188-189.

231 _ Karl Christian Führer, 《Die Stadt, das Geld und der Markt:
Immobilienspekulation in der Bundesrepublik 1960-1985〉, De Gruyter
Oldenbourg, 2016, S. 188.

232 _ Reinhild Kreis, 〈Heimwerken als Protest: Instandbesetzer und
Wohnungsbaupolitik in West-Berlin während der 1980er-Jahre〉,
《Zeithistorische Forschungen/Studies in Contemporary History》 14, 2017, S. 42
참고.

233 _ Hans Pruijt, 〈The Logic of Urban Squatting〉, 《International Journal of
Urban and Regional Research》 37(1), 2012, pp. 19-45.
Reinhild Kreis, 〈Heimwerken als Protest: Instandbesetzer und Wohnungsbaupolitik
in West-Berlin während der 1980er Jahre〉, 《Zeithistorische Forschungen/
Studies in Contemporary History》 14, 2017, S. 46에서 재인용.

234 _ Reinhild Kreis, 〈Heimwerken als Protest: Instandbesetzer und
Wohnungsbaupolitik in West-Berlin während der 1980er-Jahre〉,
《Zeithistorische Forschungen/Studies in Contemporary History》 14, 2017, S.
46-47.

235 _ Georgy Katsiaficas, 《The Subversion of Politics: European Autonomous

Social Movements and the Decolonization of Everyday Life》, AK Press, 2006, p.
91.

236 _ Barbara Sichtermann/Kai Sichtermann, 《Das ist unser Haus. Eine
Geschichte der Hausbesetzung》, Aufbau Verlag, 2017.
〈Als Gentrifizierung noch unbekannt war〉, 《Mitteldeutsche Zeitung》, 2017. 6.
13.에서 재인용.

237 _ Reinhild Kreis, 〈Heimwerken als Protest: Instandbesetzer und
Wohnungsbaupolitik in West-Berlin während der 1980er-Jahre〉, 《Zeithistorische
Forschungen/Studies in Contemporary History》 14, 2017, S. 47.

238 _ Karl Christian Führer, 《Die Stadt, das Geld und der Markt:
Immobilienspekulation in der Bundesrepublik 1960-1985》, De Gruyter
Oldenbourg, 2016, S. 188-189.
주택 점거는 1981년에 베를린시의 정권이 사회민주당에서 기독교민주당으로 넘어가
는 데 결정적으로 일조했다.
Reinhild Kreis, 〈Heimwerken als Protest: Instandbesetzer und Wohnungsbaupolitik
in West-Berlin während der 1980er-Jahre〉, 《Zeithistorische Forschungen/
Studies in Contemporary History》 14, 2017, S. 43.

239 _ Georgy Katsiaficas, 《The Subversion of Politics: European Autonomous
Social Movements and the Decolonization of Everyday Life》, AK Press, 2006, p.
93.

240 _ Georgy Katsiaficas, 《The Subversio of Politics: European Autonomous
Social Movements and the Decolonization of Everyday Life》, AK Press, 2006, p.
96.
이 책 107쪽에서는 1984년까지 독일의 모든 점거 주택은 합법화됐다고 서술하고 있으
나, 이러한 통계 혹은 서술은 검증이 필요하다. 그가 특별히 통계의 근거를 제시하지 않
았기 때문이다.
또 다른 연구에 의하면 1980년대 시 정부와 계약을 체결한 점거 주택은 전체 점거 주택

중 겨우 60퍼센트를 넘긴 수준이라고 한다.
Andrej Holm and Armin Kuhn, 〈Squatting and Urban Renewal: The Interaction of Squatter Movements and Strategies of Urban Restructuring in Berlin〉, 《International Journal of Urban and Regional Research》 35(3), 2011, p. 651.

241 _ Reinhild Kreis, 〈Heimwerken als Protest: Instandbesetzer und Wohnungsbaupolitik in West-Berlin während der 1980er-Jahre〉, 《Zeithistorische Forschungen/Studies in Contemporary History》 14, 2017, S. 48.

242 _ Reinhild Kreis, 〈Heimwerken als Protest: Instandbesetzer und Wohnungsbaupolitik in West-Berlin während der 1980er-Jahre〉, 《Zeithistorische Forschungen/Studies in Contemporary History》 14, 2017, S. 43, 각주 7번.

243 _ John Marsland, 〈Squatting: The Fight for Decent Shelter, 1970s – 1980s〉, 《Britain and the World》 11(1), 2018, pp. 33-35.

244 _ Reinhild Kreis, 〈Heimwerken als Protest: Instandbesetzer und Wohnungsbaupolitik in West-Berlin während der 1980er-Jahre〉, 《Zeithistorische Forschungen/Studies in Contemporary History》 14, 2017, S. 48.

245 _ Alexander Vasudevan, 《Metropolitan preoccupations: The spatial politics of squatting in Berlin》, Wiley Blackwell, 2015, S. 91 이하.

246 _ Henri Lefebvre/Birgit Althaler(Übersetzung), 《Das Recht auf Stadt》, Edition Nautilus, 2016, S. 27.

247 _ Georgy Katsiaficas, 《The Subversion of Politics: European Autonomous Social Movements and the Decolonization of Everyday Life》, AK Press, 2006, p. 96.

248 _ Georgy Katsiaficas, 《The Subversion of Politics: European Autonomous Social Movements and the Decolonization of Everyday Life》, AK Press, 2006, p. 112.

249 _ Georgy Katsiaficas, 《The Subversion of Politics: European Autonomous Social Movements and the Decolonization of Everyday Life》, AK Press, 2006, p. 127

250 _ 매튜 데스몬드(황성원 譯), 《쫓겨난 사람들: 도시의 빈곤에 관한 생생한 기록》, 동녘, 2016, 17-18쪽.

251 _ 매튜 데스몬드(황성원 譯), 《쫓겨난 사람들: 도시의 빈곤에 관한 생생한 기록》, 동녘, 2016, 250쪽.

252 _ John Marsland, 〈Squatting: The Fight for Decent Shelter, 1970s – 1980s〉, 《Britain and the World》 11(1), 2018, p. 48.

253 _ John Marsland, 〈Squatting: The Fight for Decent Shelter, 1970s – 1980s〉, 《Britain and the World》 11(1), 2018, p. 30.

254 _ John Marsland, 〈Squatting: The Fight for Decent Shelter, 1970s – 1980s〉, 《Britain and the World》 11(1), 2018, p. 30.

255 _ Georgy Katsiaficas, 《The Subversion of Politics: European Autonomous Social Movements and the Decolonization of Everyday Life》, AK Press, 2006, p. 112.

256 _ Sarah Tekath, 〈Ein Stück Kultur: In Amsterdam war das ≫Kraken≪ seit den 60er Jahren eine Tradition, doch heute werden Hausbesetzer kriminalisiert〉, Neues Deutschland: Journalismus von links, 2020. 11. 16.

257 _ 베를린 사례에 대해서는 다음을 참조하라.

Helge Sodan, 《Verfassungs- und andere Rechtsprobleme von Berliner Regelungen über das Verbot der Zweckentfremdung von Wohnraum》, Duncker & Humblot, 2015, S. 32 이하.

258 _ 《Strafgesetzbuch. Leipziger Kommentar. (StGB). 2009》, De Gruyter, § 123, Rn. 19.

259 _ Schönke/Schröder, 《Strafgesetzbuch: Kommentar》(27 Aufl.), C. H. Beck, 2006, §123, Rn. 6a.

260 _ 《Strafgesetzbuch. Leipziger Kommentar. (StGB). 2009》, De Gruyter, § 123, Rn. 19.

261 _ Erich Küchenhoff, 〈Hausbesetzer vor Gericht. Neue Tendenzen in der strafrechtlichen Beurteilung von Hausbesetzungen〉, 《Kritische Justiz》 15(2), 1982, S. 156 이하.

262 _ Beschluß des AG Bückeburg vom 1. 10. 1981 — Az.: 4 Gs 533/81.
Erich Küchenhoff, 〈Hausbesetzer vor Gericht. Neue Tendenzen in der strafrechtlichen Beurteilung von Hausbesetzungen〉, 《Kritische Justiz》 15(2), 1982, S. 157에서 재인용.

263 _ Erich Küchenhoff, 〈Hausbesetzer vor Gericht. Neue Tendenzen in der strafrechtlichen Beurteilung von Hausbesetzungen〉, 《Kritische Justiz》 15(2), 1982, S. 156-157.

264 _ Maurach/Schroeder, 《Strafrecht Besonderer Teil. Teilband 1》, C.F. Müller, S. 252. 마우라흐-슈뢰더 교과서의 최신판은 2019년 제11판이다.

265 _ Erich Küchenhoff, 〈Hausbesetzer vor Gericht. Neue Tendenzen in der strafrechtlichen Beurteilung von Hausbesetzungen〉, 《Kritische Justiz》 15(2), 1982, S. 161.

266 _ 반면 한국에서는 철거민들의 저항이 불법 점거 농성으로만 이해되고 있다. 단지 한국 정부만 이렇게 보는 것이 아니라, 보통의 '도시민'들도 이런 시각을 공유하고 있다.

신현방 외 10인, 《안티 젠트리피케이션, 무엇을 할 것인가?》, 동녘, 2017, 40쪽 참고.

267 _ David Harvey, 《Rebel Cities: From the right to the city to the urban revolution》, Verso, 2012, p. 15; 데이비드 하비(한상연 譯), 《반란의 도시: 도시에 대한 권리에서 점령운동까지》, 에이도스, 2014, 45쪽.

268 _ 현행 독일 기본법 제22조 제1항은 "독일 연방 공화국의 수도는 베를린이다. 수도에서 독일 전체 연방을 대표하는 것은 연방의 책무이다"라고 규정하고 있다. 2006년 기본법 개정(BGBl. I S. 2034) 때 새로 들어온 조항이다. 그러나 이러한 헌법 개정 이전에 이미(1991년 6월 20일 독일 연방의회의 결의) 베를린은 통일 독일 연방 정부의 수도로 결정됐다.

269 _ 유럽과 미국의 금융 시장은 이미 19세기 후반에도 깊게 연계돼 있었고, 이 국제화된 금융 시장은 다시 부동산과 긴밀히 결부돼 있었다. 이 연계로 인해 1873년, 오스트리아-헝가리 제국과 독일에서는 심각한 부동산 위기가 발생했다.

문수현, 《주택, 시장보다 국가: 독일 주택정책 150년》, 이음, 2022, 47쪽.

270 _ enteignen, 즉 "수용하자"라는 표현은 이 운동 초기의 '착오'를 보여준다. 이 운동이 목표로 한 것은 사회화이므로 "수용하자"라는 표현이 아니라 처음부터 "사회화하자(vergesellschaften)"라고 표현했어야 했고, 이 운동의 헌법적 근거도 기본법 제15조로 제시했어야 한다는 게 법률 전문가들의 평가이다. 운동 측이 내건 이 '수용'이라는 표현을 한국 언론도 그대로 따르고 있다. 또한 후술하듯이 enteignen, Enteignung을 심지어 몰수로 번역하는 오류까지 범하고 있다.

271 _ Helena Wittlich et al., 〈Wer profitiert vom Berliner Mietmarkt?〉, 《Der Tagesspiegel》, 2019. 6. 28.

272 _ 〈Studie: Enteignung könnte mehr Wohnungsfirmen treffen〉, 《Süddeutsche Zeitung》, 2019. 3. 22.

273 _ 예컨대 베를린의 도시 정책과 법제를 자주 소개하는 한 (시민) 기자는 이 사안을 소개하는 투고문의 제목을 이렇게 달았다.

신희완, 〈미친 임대료에 질린 독일 시민들, '재산 몰수' 외치다〉, 오마이뉴스, 2019. 4. 13.

문수현 교수도 이를 몰수라고 번역한다. 그는 독일 헌법 제15조 사회화 조항도 몰수라고 잘못 옮기고 있다.

문수현, 《주택, 시장보다 국가: 독일 주택정책 150년》, 이음, 2022, 375쪽.

274 _ 국순옥, 《자본주의와 헌법》, 까치, 1987, 104-107쪽.

275 _ 바덴-뷔르템베르크주 등 몇 개 주는 이중 국민 발의 없이 국민 청구와 국민 표결의 두 단계의 절차만 두고 있다. 베를린의 국민 투표는 국민 발의를 인정한다.

276 _ 정식 명칭은 "Gesetz zur Überführung von Wohnimmobilien in Gemeineigentum (Vergesellschaftungsgesetz – VergG)"

277 _ Ekkehart Stein, 《Staatsrecht》, 15판, J. C. B. Mohr, 1995, S. 356-357.

278 _ Andreas Fisahn/Martin Kutscha, 《Verfassungsrecht konkret: Die Grundrechte》, 3판, Berliner Wissenschafts-Verlag, 2018, S. 183.

다만, 사회화에 대한 보상액은 시장 가격에 의한 완전 보상을 기준으로 할 필요가 없다는 이러한 견해에 대해서는 반론도 제기된다.

Michael Sachs et al., 《Grundgesetz》(8 Aufl.), 2018, Art. 15. Rn. 18.

279 _ Ekkehart Stein, 《Staatsrecht》, 15판, J. C. B. Mohr, 1995, S. 357.

280 _ Andreas Fisahn/Martin Kutscha, 《Verfassungsrecht konkret: Die Grundrechte》, 3판, Berliner Wissenschafts-Verlag, 2018, S. 182.

281 _ Ekkehart Stein, 《Staatsrecht》, 15판, J. C. B. Mohr, 1995, S. 357.

282 _ John Philipp Thurn, 〈Schweigen als Sozialisierungssperre?: „Deutsche

Wohnen & Co. enteignen" und der Eigentumsschutz der Berliner Landesverfassung〉, 2021.

283 _ John Philipp Thurn, 〈Vergesellschaftung als sozialstaatliche Entprivatisierung und als Grundrecht〉, 《Kritische Justiz》 53(2), 2020, S. 183.
독일 정당 중 자유주의 분파인 자유민주당은 이 조항의 폐지를 여러 차례 시도했다.

284 _ Joachim Wieland, 〈Verfassungsfragen der Vergesellschaftung von Wohnraum〉, Deutsche Universität für Verwaltungswissenschaften Speyer, 2019.

285 _ Isabell Jürgens, 〈Gutachten: Enteignung von Deutsche Wohnen verfassungswidrig〉, 《Berliner Morgenpost》, 2019. 3. 20.

286 _ 독일 연방헌법재판소가 이 문제에 대해 판단한 것으로는 유일하게 다음과 같은 것뿐이다. 즉, 제15조의 사회화는 "헌법적 임무(위임)가 아니라 단지 입법자에 대한 수권일 뿐이므로", 사회화 조항과 폭스바겐 회사의 사영화가 모순되는 것은 아니다.
John Philipp Thurn, 〈Vergesellschaftung als sozialstaatliche Entprivatisierung und als Grundrecht〉, 《Kritische Justiz》 53(2), 2020, S. 183.

287 _ John Philipp Thurn, 〈Schweigen als Sozialisierungssperre?: „Deutsche Wohnen & Co. enteignen" und der Eigentumsschutz der Berliner Landesverfassung〉, 2021.

288 _ 대표적으로 다음 글을 참고할 것.
Benedikt Wolfers, 〈Berliner Verfassung erlaubt keine Vergesellschaftung: Warum „Deutsche Wohnen & Co enteignen" scheitern könnte〉, 《Der Tagesspiegel》, 2021. 5. 9.
개신교 주택 기업인 Hilfswerk-Siedlung GmbH(HWS)의 의뢰로 의견서를 작성한 크리스티안 발트호프(Christian Waldhoff)도 같은 논지를 제시하면서, 베를린 헌법의 역사적 자료를 보충했다. 그에 따르면 1950년에 제정된 베를린 헌법 관련 사료를 보면, '사회화' 규정을 수용하지 않는다는 점이 분명하게 드러나 있고, 1995년에 주 헌법을 개정할 때에도 이를 고치려는 시도가 이뤄지지 않았다고 한다.
John Philipp Thurn, 〈Schweigen als Sozialisierungssperre?: „Deutsche Wohnen & Co. enteignen" und der Eigentumsschutz der Berliner Landesverfassung〉, 2021.

289 _ Michael Kloepfer, 〈Die Sozialisierung von Wohnungsunternehmen und die Verfassung〉, 《Neue Juristische Wochenschrift》 72(23), 2019, S. 1659.

290 _ 좌파당의 입장은 통독 이후 줄곧 대형 건설 프로젝트를 반대하는 것이었다. Joachim Fahrun, 〈Die Linke fand das Bauen noch nie so wichtig〉, 《Berliner Morgenpost》, 2019. 4. 13.

291 _ Gudrun Mallwitz, 〈Freie Fahrt für Kinder und Jugendliche bis 16 Jahre〉, 《Berliner Morgenpost》, 2018. 4. 13.

292 _ Markus Voigt, 〈Warum Enteignung ein Tabu ist〉, 《Berliner Morgenpost》, 2019. 1. 13.

293 _ Franziska Drohsel, 〈Über die Frage der Sozialisierung am Beispiel „Deutsche Wohnen & Co. Enteignen〉, 《Kritische Justiz》 53(1), 2020, S. 30.

294 _ 〈Koalitionswischenvertrag 2023-2026: Das Beste für Berlin – Der gemeinsame Koalitionsvertrag z CDU Berlin und SPD Berlin wurde am 26. April 2023 unterzeichnet〉, S. 50-51.

295 _ 이 위원회의 구성, 회의록, 중간 보고 및 최종 보고서 등 관련 정보는 다음 사이트에 모두 게시돼 있다. https://www.berlin.de/kommission-vergesellschaftung

296 _ Nina Spannuth, 〈Enteignungsini schafft Zugzwang: Eine Hamburger Volksinitiative sammelt reichlich Unterschriften zur Enteignung großer Wohnungsunternehmen. Jetzt liegt der Ball bei der Bürgerschaft〉, 《taz》, 2023. 3. 14.

297 _ 이런 연유로 오스트리아 빈은 매년 세계에서 제일 살기 좋은 대도시 1~3위권에 랭크된다.

298 _ Ralf Leonhard, 〈Wie Wien Spekulanten ausbremst, Immobilienkonzerne enteignen ist das eine. Noch besser wäre eine ordentliche Wohnungsbaupolitik. Wie das geht, zeigt die Stadt Wien〉, 《taz》, 2019. 4. 28.
제국 수도 건설기, 그리고 1차 대전 이후 빈은 심각한 주택난을 겪었다. 부족한 주거 공간을 새롭게 창출하는 것은 시대의 과제였다. 이때, 사회민주당의 도시 설계자들은 그냥 무조건 싼 아파트를 짓는 방식이 아니라, 기능적으로도 훌륭하며 미적인 수요를 충족하는 복합 주거 공간을 만드는 데 주력했다. 노동자 문화가 쇠퇴하자, 시 정부는 저소득 노동자들을 위한 주택을 더 짓기 시작했다. 이로써 민간 시장에서의 임대료도 낮게 유지될 수 있었다. 또한 임차인 보호 규정들을 통해 부동산 투기꾼들의 진입을 막았다. 19세기 말 이래 아래로부터의 주거 운동과 붉은 빈(Wien) 프로젝트에 대한 개괄적인 소개로는 다음을 참고할 것.
정현백, 《주거 유토피아를 꿈꾸는 사람들》, 당대, 2016, 제1장, 제2장.

299 _ 공급파의 주장은 글레이저의 책에서 가져왔다.
에드워드 글레이저(이진원 譯), 《도시의 승리》, 해냄, 2011, 14, 24, 28쪽 등.

300 _ 문수현, 《주택, 시장보다 국가: 독일 주택정책 150년》, 이음, 2022, 333쪽 참고.

301 _ 문수현, 《주택, 시장보다 국가: 독일 주택정책 150년》, 이음, 2022, 11-12쪽.

302 _ DW 깁슨(김하현 譯), 《뜨는 동네 딜레마, 젠트리피케이션》, 눌와, 2016, 398쪽 참고.

303 _ 에드워드 글레이저(이진원 譯), 《도시의 승리》, 해냄, 2011, 16쪽.

304 _ 카를 마르크스 · 프리드리히 엥겔스(김대웅 譯), 《마르크스 엥겔스 주택문제와 토지국유화》, 노마드, 2019, 56-57쪽.

305 _ 김명수, 〈1980년대 주거운동의 역사적 궤적과 자가소유(권) 정상화의 역설〉, 《기

억과 전망》 40, 195쪽.

306 _ 김명수, 〈1980년대 주거운동의 역사적 궤적과 자가소유(권) 정상화의 역설〉,《기억과 전망》 40, 188-189쪽.

307 _ 자세히는 김수현,《가난이 사는 집: 판자촌의 삶과 죽음》, 오월의 봄, 2022, 94쪽이하 참고.

308 _ 김수현,《가난이 사는 집: 판자촌의 삶과 죽음》, 오월의 봄, 2022, 172쪽.

309 _ 김명수, 〈1980년대 주거운동의 역사적 궤적과 자가소유(권) 정상화의 역설〉,《기억과 전망》 40, 93쪽.

310 _ Uwe Rada, 〈Rücktritt von Bausenatorin Lompscher: Die streitbarste Linke〉,《taz》, 2020. 8. 3.

311 _ Andrej Holm/Samuel Stuhlpfarrer,《Kommen. Gehen. Bleiben. Andrej Holm im Gespräch》, Mandelbaum Verlag, 2017, S. 184.

312 _ Isabell Jürgens, 〈Landeseigene Gesellschaften begrüßen 30,000 neue Mieter〉,《Berliner Morgenpost》, 2022. 1. 4

313 _ Ralf Hoffrogge, 〈Das ≫System Vonovia≪ hätte nie dagewesene Marktmacht〉, Neues Deutschland: Journalismus von links, 2021. 6. 4.
또한 〈Immobilienriesen verkaufen knapp 15,000 Wohnungen an Berlin〉, Spiegel Online, 2021. 9. 17.

314 _ G. 에스핑앤더슨(박시종 譯),《복지 자본주의의 세 가지 세계》, 성균관대학교출판부, 2007, 16쪽.

315 _ 로베르트 무질(박종대 譯),《특성 없는 남자 1》, 문학동네, 2023, 12쪽.

316 _ 김명수, 《내 집에 갇힌 사회: 생존과 투기 사이에서》, 창비, 2020, 143-149쪽.

317 _ 우명숙·남은영, 〈공정성 원칙으로서 능력주의와 불평등 인식: 한국과 일본의 비교〉, 《아세아연구》 64(1), 2021, 239쪽.

318 _ 김성은, 〈커먼즈 개념의 민사법적 소고〉, 《토지법학》 37(1), 2021, 92-94쪽.

319 _ "국유지는 국가 소유의 사유지가 아니다!"
박배균 외, 《커먼즈의 도전: 경의선 공유지 운동의 탄생, 전환, 상상》, 빨간소금, 2021,
45쪽 및 뒷 표지 참고.
필자는 국유지가 국가 소유의 사유지가 되어버린 현실을 이미 비판한 바 있다.
이계수, 〈도시민의 불복종과 도시법의 도전〉, 《민주법학》 56, 2014, 142, 171쪽 이하.

320 _ Beschluss vom 25. März 2021; 2 BvF 1/20, 2 BvL 5/20, 2 BvL 4/20.
이 법률에 대한 소개로는 우선 다음 논문을 참고하라.
이도국, 〈최근 독일에서의 주택임대차 차임 규정과 시사점 - 'Berliner Mietendeckel'
을 중심으로 -〉, 《법학논총》 37(1), 2020, 185-209쪽.

321 _ 이혜미, 《착취도시, 서울: 당신이 모르는 도시의 미궁에 대한 탐색》, 글항아리,
2020, 59, 145쪽.

322 _ 매튜 데스몬드(황성원 譯), 《쫓겨난 사람들: 도시의 빈곤에 관한 생생한 기록》, 동
녘, 2016, 423쪽.

323 _ 빈곤의 인류학 연구팀, 《동자동, 당신이 살 권리》, 글항아리, 2023.

324 _ 이계수, 〈도시민의 불복종과 도시법의 도전〉, 《민주법학》 56, 2014, 159쪽 이하.

북저널리즘 인사이드   합법 바깥에도
                          도시가 숨 쉰다

미국 미시간주의 작은 마을 '마셜Marshall'에서 주민들이 피켓을 들었다. 포드Ford의 리튬 배터리 공장 건설을 반대한다는 내용이 피켓에 적혔다. 주민들은 7제곱킬로미터에 이르는 크기의 리튬 공장이 지역이 쌓아 온 유산과 역사를 망칠 것이며 지역 사회 전체를 붕괴시킬 것이라 이야기했다. 도시를 지키려는 주민들의 이야기는 제조업이 미국을 다시 'Great'하게 만들 것이라는 산업화 논리보다 더 가깝고 구체적이다.

마셜 주민들에게 필요한 건 지역에 일자리를 공급하고, 지역 전체를 부흥시킬 거대한 크기의 공장이 아니었다. 이 도시와 마을이 쌓아 온 유산 자체를 지키고 보존할 수 있는, 세심한 관심과 선택적 무관심이었다. 마셜 지역의 주민들이 들었던 피켓에 돈이 아닌 지역 사회가 적혔다는 지점에서도 드러나듯, 도시는 돈이나 주민 수와 같은 숫자로도, 혹은 님비와 핌피와 같은 일시적 현상으로도 설명될 수 없었다. 도시는 그런 존재다. 쉽게 설명하거나, 표현하거나 구분할 수 없는.

그래서 도시를 설명할 때는 다양한 종류의 필터가 동원되곤 한다. 도시에 모이는 돈의 규모, 지역에 정주하는 주민의 수, 때로는 국경이라는 경계선과 그 경계를 둘러싼 여론도 중요한 지표다. 《반란의 도시, 베를린》이 택한 필터는 법이다. 이 책은 도시를 규제하는 법안, 때로는 도시민을 구제하는 법안을 언급하며 베를린이 반란의 도시가 돼가던 과정을 조명

한다. 도시를 다루는 수많은 담론들이 경계해야 할 문제는, 도구로서의 필터가 도시라는 현상 전체를 규정하게 되는 일이다. 주객전도라고 표현할 수 있겠다.《반란의 도시, 베를린》은 주객전도라는 부작용을 피하고자 언제나 조심스럽고, 세심하고, 면밀한 태도를 유지한다.

저자 이계수는 법학자다. 그러나 법을 가장 높은 자리에 두지는 않는다. 저자는 도시라는 현상을 둘러싸고 벌어진 소란한 움직임을 조심스럽게 짚는다. 그의 문장들에서는 도시의 설명할 수 없는 현상들을 '포획'할 위험이 있는 도구에 대한 끊임없는 경계가 드러난다. 즉, 법을 만드는 것, 법을 지키는 것, 법을 기록하는 일은 법을 위해 필요한 게 아니다.《반란의 도시, 베를린》은 법이 더 나은 사회와 도시를 만드는 데 필요한 도구일 뿐이라는 지점을 명확히 한다.

도시도 마찬가지다. 도시는 도시를 위해 존재하지 않는다. 도시에 사는 사람들, 도시가 쌓아 온 유산과 이야기, 그리고 도시가 만들어 갈, 수없이 다양한 미래의 선택지 때문에 존재한다. 서베를린 주민이 이른바 '불법'이라 불리는 주택 점거 운동을 82퍼센트나 지지한다는 사실이 뇌리에 깊이 남는 것도 같은 이유다. 중요한 건 도시를 만들고 구성하는 행위가 딱딱하고 지우기 어려운 법안을 충족하느냐가 아니다. 사람들이 만들고 싶은 유동적이고 말랑한 도시의 모습 그 자체다.

법을 경계하는 법학자의 시선은 그래서 더욱 소중하다.

돈만 투입한다고, 길과 건물만 있다고 도시가 만들어지지 않는다. 도시에는 행정과 법이 기록할 수 없는, 숨 쉬는 이야기와 사람들이 있다. 그리고 그 결과물로서의 도시는 결국 모두의 것이다. 가로수에서 떨어진 낙엽을 누구나 밟을 수 있듯, 작은 돌멩이 위에서 지렁이 한 마리가 쉴 수 있듯, 도시도 모두가 밟고 이야기하고 참여할 수 있는 공간이 돼야 한다.

젠트리피케이션과 환경 오염, 쫓겨나는 전세 난민과 쪽방에서 여름을 보내는 노인들까지. 한국의 도시가 마주한 상시적 재난 상태는 무엇으로 해결할 수 있을까? 무거운 건물로 인해 가라앉는 뉴욕의 도시는 무엇이 구할 수 있을까? 그건 법도 아니고, 돈도 아니고, 기술도 아니다. 사람과 사람의 이야기가, 기록되지 않은 참여와 토의가, 때로는 법의 경계 바깥에 선 불법 행위가 도시를 바꾼다. 우리는 "무슨 말"이라도 해야 한다. 한국에 지금 베를린의 이야기가 필요한 이유다.

김혜림 에디터